Tomas Kubelik

Genug gegendert!

Tomas Kubelik

Genug gegendert!

Eine Kritik der feministischen Sprache

FORMAT
Verlagsgruppe

ISBN 978-3-945971-02-4
Bibliographische Information der Deutschen Nationalbibliothek
Die Deutsche Nationalbibliothek verzeichnet diese Publikation in der
Deutschen Nationalbibliographie;
detaillierte bibliographische Daten sind im Internet über http://dnb.ddb.de
abrufbar.

www.format-verlagsgruppe.de

© Projekte Verlag, ein Imprint der FORMAT Verlagsgruppe
Covergestaltung: David Lindner
Printed in EU

Inhalt

Einleitung   7

Frauen – Opfer der Gesellschaft?   7

Abweichende Meinungen? Nicht unbedingt.   11

Unterwegs zur Herrschaft der political correctness   16

Der Feminismus und das biologische Geschlecht   22

Hausverstand oder empirische Forschung?   26

1. Die gegenwärtige Sprachrevolution   32

Sprache – Kampfplatz der Interessen   32

Sprache – ein Spiegel der Welt   35

Feministische Linguistik – ihre Ziele   40

Feministische Linguistik – ihre Methoden   44

Feministische Linguistik – ihre Wurzeln   46

Die Schweigespirale   48

Ausblick   50

2. Der Irrtum   51

Genus ≠ Sexus   51

Personenbezeichnungen   55

Tücken der Wortbildung   59

Ein kurzer Blick in die Geschichte   60

Kann Sprache unsichtbar machen?   63

Das generische Maskulinum –
ein grammatischer Allrounder   65

Das Maskulinum neutralisiert Gegensätze   72

Semantische Feinheiten   76

3. Formen des Genderns   80

Die Doppelnennung   80

Der Schrägstrich   85

Das Binnen-I   89

Substantivierte Partizipien   94

Geschlechtsneutrales Formulieren 98
Radikale Varianten 100

4. Fehler und Inkonsequenzen 103
Zahl- und Mengenangaben 103
Zusammengesetze Wörter 109
Negativ besetzte Begriffe 114
Tücken der Etymologie 115

5. Psycholinguistik 123
Fragwürdige Methodik 123
Wie erfassen wir Texte? 129
Fragwürdige Ergebnisse 132
Fragwürdige Interpretationen 137

6. Die Folgen 143
Kommt es wirklich auf das Geschlecht an? 143
Sexualisierung 145
Was ist guter Stil? 150
Ökonomie – ein sprachliches Grundprinzip 155
Redewendungen 157

7. Was tun? 161

Literaturverzeichnis 166

Einleitung

„Die politische Korrektheit ist einer der größten Feinde der Humanität. Sie lehrt uns nicht einfach nur, unsere Misslieben zu verbergen, sondern sie weicht unsere Urteilskraft auf, untergräbt unsere Verantwortung und fördert die Gleichgültigkeit."

Daniel Barenboim, Dirigent

Frauen – Opfer der Gesellschaft?

Wir alle haben es längst internalisiert: Frauen sind das diskriminierte, das benachteiligte, das unterdrückte Geschlecht. In der Berufswelt, in der Familie, in der Partnerschaft und nicht zuletzt in der Sprache: Frauen sind das Opfer patriarchaler Strukturen. Seit bald zwei Generationen wird die Öffentlichkeit mit diesem Dogma bearbeitet.

Trotzdem ist das Gegenteil wahr. Daran ändert auch die mantraartige Wiederholung falscher Behauptungen nichts. Frauen sind in den westlichen Gesellschaften seit Jahrzehnten rechtlich gleichgestellt. In manchen Bereichen werden sie von vielen europäischen Ländern sogar erheblich bevorzugt: So müssen sie keinen Wehr- oder Zivildienst leisten, müssen trotz höherer Lebenserwartung kürzer arbeiten als Männer und sie genießen als Mütter gegenüber Vätern massive Vorteile im Sorgerecht. Die zunehmend grassierenden Frauenquoten sind zwar für die Frauen diskriminierend, weil sie unterstellen, ohne die Quoten seien Frauen nicht fähig, entsprechende Bildungsabschlüsse oder berufliche Positionen zu erreichen. Sie bedeuten aber eine gesetzlich verankerte Schlechterstellung von Männern. Eine rechtliche Schlechterstellung von Frauen hingegen existiert nicht. Auch ein Blick auf die soziale Wirklichkeit entlarvt die Behauptung von der weiblichen Opferrolle als Schwindel. Männer erkranken häufiger schwer, sie verunglücken wesentlich öfter als Frauen, sind häufiger von Arbeitslosigkeit und Obdachlosigkeit betroffen, haben öfter als Frauen mit Alkohol- und Drogenproblemen zu kämpfen, nicht zuletzt stellen sie den Großteil der Gefängnisinsassen und führen die Selbstmordstatistik an.

Auch die Behauptung, Männer seien nur selten Opfer von Gewalt, ist falsch. 78% der Prügelopfer und 84% der Mordopfer sind Männer. Die Weltgesundheitsorganisation schreibt in ihrem Weltbericht *Gewalt und Gesundheit* aus dem Jahr 2003: „In allen Ländern sind junge Männer die Haupttäter und -opfer von Tötungsdelikten."[1] Selbst in Beziehungen wenden Frauen und Männer ungefähr gleich häufig emotionale und körperliche Gewalt gegen ihren Partner an. Laut einer Pilotstudie im Auftrag des deutschen Familienministeriums sind rund 25% der Männer mindestens einmal in ihrem Leben körperlicher oder sexualisierter Gewalt in Partnerschaften ausgesetzt.

Die WHO dazu: „Sexual violence against men and boys is a significant problem. With the exception of childhood sexual abuse, though, it is one that has largely been neglected in research."[2] Und die Sonderauswertung einer Männerstudie aus dem Jahr 2009 kommt zu dem Ergebnis, dass rund 30% der Frauen und Männer gewaltaktiv sind. Dort heißt es: „Auch Frauen üben demnach physische Gewalt aus. Insgesamt ist die These, Männer dominierten alle Formen der Gewalt, nicht haltbar! Wie zahlreiche Studien zeigen, erfolgt weibliches Gewalthandeln auch keinesfalls ausschließlich aus Notwehr."[3] Und weiter: „Frauen und Männer üben etwa zu gleichen Teilen Gewalt gegen den Partner/die Partnerin aus."[4] Überraschend ist auch der Befund,

---

1) Zitiert nach: Puchert, Ralf; Jungnitz, Ludger et. al.: *Gewalt gegen Männer in Deutschland. Personale Gewaltwiderfahrnisse von Männern in Deutschland.* (Pilotstudie im Auftrag des Ministeriums für Familie, Senioren, Frauen und Jugend.) 2004, S. 14, Online im Internet: http://www.bmfsfj.de/BMFSFJ/Service/Publikationen/publikationsliste.html
2) ebda., S. 15
3) Döge, Peter: *Männer – die ewigen Gewalttäter? Gewalt von und gegen Männer in Deutschland*, Wiesbaden 2011, S. 40
4) ebda.

dass „nach den vorliegenden Daten der MÄNNERSTUDIE eher die Frauen zu den höheren Häufigkeiten im Gewalthandeln neigen als die Männer."[5]

Männer sind für die härtesten, dreckigsten und gefährlichsten Arbeiten einer Gesellschaft zuständig, sie stellen die Mehrheit der Hilfsarbeiter und machen die meisten Überstunden. Und selbst das Märchen von der schlechteren Bezahlung von Frauen für gleiche Arbeit ist trotz des alljährlichen *Equal Pay Days* längst widerlegt und als statistischer Trick entlarvt. Männer und Frauen unterscheiden sich in ihrer durchschnittlichen Ausbildung, ihrer Berufswahl, ihrer Berufserfahrung und ihrer Arbeitszeit erheblich, so dass Einkommensvergleiche sehr schwierig sind. Der Statistiker Walter Krämer gibt zu bedenken: Um einen brauchbaren Vergleich über geschlechtsspezifische Lohnunterschiede zu bekommen, „müssten Frauen und Männer miteinander verglichen werden, die über die gleichen arbeitsmarktrelevanten Charakteristika verfügen und in denselben Unternehmen die gleiche Tätigkeit ausüben. Würden wirklich vergleichbare weibliche und männliche Beschäftigte miteinander verglichen, wäre es überraschend, wenn ein nennenswertes Lohndifferential festzustellen wäre. Wäre dies der Fall, würden nicht nur eine Vielzahl von Unternehmen gegen geltendes Recht – das Allgemeine Gleichbehandlungsgesetz (AGG) – verstoßen, sondern auch die Betriebsräte und Gewerkschaften bei einer ihrer wichtigsten Kontrollaufgaben weitgehend versagen"[6]. Tatsächlich: von den Tausenden Anzeigen, die Frauen wegen so krasser Ungleichbehandlung regelmäßig einbringen müssten, ist nichts zu vernehmen. Und persönlich habe ich auch noch nie jemanden getroffen, der nachweislich aufgrund seines Geschlechts minderbezahlt ist. Davon abgesehen weisen Sozial- und Wirtschaftsforscher darauf hin, dass Frauen mittlerweile die Mehrheit der Kaufentscheidungen treffen – selbst in Beziehungen, wo der Mann mehr Geld verdient.

---

5) ebda.
6) Krämer, Walter: *Lohnunterschiede zwischen Frauen und Männern?* Pressemitteilung vom 3.4.2012, Online im Internet: www.unstatistik.de

Ein Blick auf die Ausbildungsstatistik macht deutlich: Jungen zählen zu den Bildungsverlierern der Gegenwart. Die Mehrheit der Maturanten und der Hochschulabsolventen sind Frauen. Burschen hingegen haben im Durchschnitt mit größeren Disziplinproblemen und mit schlechteren Schulleistungen zu kämpfen, sie stellen die meisten Klassenwiederholer und Schulabbrecher. Hinzu kommt, dass sie mittlerweile überwiegend von weiblichen Pädagogen erzogen werden, oft fehlen zu Hause auch noch die Väter. Viele Jungen müssen daher auf eine väterliche Zuwendung und auf männliche Vorbilder, die positiv besetzte und gesellschaftlich akzeptierte Männerrollen repräsentieren, verzichten. Das führt bei heranwachsenden Burschen zu einem kaum lösbaren Problem. Jedes Anzeichen von Gewalt, jede Form von Dominanzverhalten, ja von allzu ungestümem Durchsetzungswillen wird ihnen von klein auf ausgetrieben. Zugleich verkörpert der immer kommunikationsbereite, verständnisvolle Softie nicht das Ideal, mit dem sie sich identifizieren wollen, ist dieser doch weder in der Berufswelt noch auf dem Beziehungsmarkt besonders gefragt.

Und in der Öffentlichkeit? Da werden Männer lächerlich gemacht als emotional minderentwickelt, als potentiell gewalttätig, als triebgesteuert, rücksichtslos und konkurrenzbesessen. Diese feministische Arroganz ist für viele Menschen zunehmend frustrierend. So äußerte die englische Literaturnobelpreisträgerin Doris Lessing, deren Romane als Klassiker des Feminismus gefeiert wurden, vor einigen Jahren: „Ich bin zunehmend schockiert über die gedankenlose Abwertung von Männern, die so Teil unserer Kultur geworden ist, dass sie kaum noch wahrgenommen wird. [...] Es ist Zeit, dass wir uns fragen, wer eigentlich diese Frauen sind, die ständig die Männer abwerten. Die dümmsten, ungebildetsten und scheußlichsten Frauen können die herzlichsten, freundlichsten und intelligentesten Männer kritisieren und niemand sagt etwas dagegen. Die Männer scheinen so eingeschüchtert zu sein, dass sie sich nicht wehren. Aber sie sollten es tun."[7]

---

7) Im Original: „I find myself increasingly shocked at the unthinking and

Und eine Kommentatorin in einem österreichischen Blog meinte jüngst: „Seit Jahrzehnten kann man als Frau wirklich alles erreichen, wenn man es will. Tun muss man es halt einfach. Es ist keine besondere Förderung dazu nötig. Frauen sind doch keine Behinderten! Genauso wie der Sozialismus einst wichtig war, war auch der Feminismus notwendig. Aber diese Probleme sind erledigt. Mittlerweile haben sich diese Bewegungen institutionalisiert und schaffen dauernd neue Probleme, um ihre Existenz zu sichern. Sie tun nichts anderes mehr, als eine Not zu erfinden, um sich als Retter aus dieser Not aufspielen zu können. Emanzen brauchen also für ihren Lebenssinn unterdrückte leidende Frauen ...“[8]

Abweichende Meinungen? Nicht unbedingt.

Wer es wagt, eine zur gesellschaftlichen Doktrin erhobene Weltanschauung öffentlichkeitswirksam zu kritisieren, muss mit starkem Gegenwind rechnen. Zielt die Kritik auf eine der erfolgreichsten Missionsbewegungen des 20. Jahrhunderts, ist besonderer Mut gefragt. Schnell gelangt der freie Diskurs an seine Grenzen und der Kritiker in die Defensive. Er muss sich dann den Vorwurf gefallen lassen, intolerant und politisch reaktionär zu sein. Die emotionalen Reflexe laufen immer darauf hinaus, für den Schutzbedürftigen Partei zu ergreifen. Und Benachtei-

---

automatic rubbishing of men which is now so part of our culture that it is hardly even noticed [...] It is time we began to ask who are these women who continually rubbish men. The most stupid, ill-educated and nasty woman can rubbish the nicest, kindest and most intelligent man and no one protests. Men seem to be so cowed that they can't fight back, and it is time they did." Zitiert nach: Gibbons, Fiachra: *Lay off men, Lessing tells feminists. Novelist condemns female culture that revels in humiliating other sex. (Special report: Edinburgh books festival 2001)* – In: The Guardian, 14.8.2001, Online im Internet: http://www.guardian.co.uk/uk/2001/aug/14/edinburghfestival2001. edinburghbookfestival2001
8) Online im Internet: http://www.andreas-unterberger.at/Meine-Kommentare-Lesen/10/2011/1

ligung für sich und andere zu reklamieren ist allemal einfacher, als sie mit Argumenten zu entkräften. Dabei sind es oft einzelne Vorfälle oder Wortmeldungen, welche die medialen Wogen hochgehen lassen und kollektive Hysterien auslösen.

Nicht dass es in der Gesellschaft keine Benachteiligungen von Einzelpersonen und auch von Gruppen gäbe. Nicht dass es nicht legitim wäre, darauf aufmerksam zu machen und für Veränderungen einzutreten. Nur müssen in der öffentlichen Diskussion auch abweichende Meinungen in gleichem Maße ihren Platz haben. Zu entscheiden, ob Benachteiligungen tatsächlich struktureller Natur sind oder bloß vorgeschoben oder gar vorgetäuscht, erfordert eine sehr differenzierte Betrachtungsweise, die sich nicht mit ein paar Schlagworten abtun lässt. Dasselbe gilt auch für Gründe und Ursachen von Ungleichbehandlungen, die in vielen Fällen ihre Berechtigung haben.

Beim Umgang mit abweichenden Meinungen erweist sich unsere Gesellschaft als viel weniger offen, als sie zu sein vorgibt. Ihr Selbstbild als aufgeklärtes und liberales Gemeinwesen, in dem rückhaltlose Meinungsfreiheit herrscht, ist mit Versuchen, Menschen mundtot zu machen und persönlich anzugreifen, unvereinbar. Erfahrungsgemäß gelangt die Toleranz gegenüber abweichenden Meinungen dort rasch an ihr Ende, wo es um tatsächliche oder vermeintliche Rand- und Opfergruppen der Gesellschaft geht. Ganz gleich, ob von Asylanten, Juden, Homosexuellen, Kindern, Behinderten oder Frauen – die im Übrigen weder eine Rand- noch eine Opfergruppe darstellen – die Rede ist: Jeder, der sich öffentlich zu diesen Gruppen äußert und dabei gewisse Spielregeln verletzt, läuft Gefahr, sich heftigen, teils unsachlichen Attacken ausgesetzt zu sehen. Dies ist insbesondere dann der Fall, wenn er seine Stimme wider den Zeitgeist erhebt. Wir dürfen aber nicht vergessen: Nicht jede Äußerung über Asylmissbrauch ist per se ausländerfeindlich; nicht jede Kritik am Staat Israel oder an internationalen jüdischen Netzwerken hat antisemitische Gründe; die Ablehnung des Gender mainstreaming als politische Kategorie oder der Homo-Ehe ist nicht unbedingt sexistisch; die Forderung nach strengeren Erziehungsmaßnahmen heißt nicht, der Gewalt in der Erziehung das Wort zu reden; ebenso wenig zeugt die Befürwortung der Euthanasie automatisch von einer menschenfeindlichen Gesinnung. Dennoch lauert hinter jeder Ecke der Vorwurf des Rassismus, Sexismus oder der Fremdenfeindlichkeit. Meist wird dabei die Person selber in den Mittelpunkt der Angriffe gerückt, statt ihre Argumente zu entkräften. Der Vorwurf der falschen Gesinnung reicht aus, um jemanden zu stigmatisieren. Solche Argumente „ad hominem" sind aber nicht nur in jeder Diskussion verpönt, sondern auch für jede Form der Kommunikation äußerst hinderlich.

Trotzdem ist es üblich, dass die Öffentlichkeit nicht nur mit heftigen persönlichen Angriffen reagiert, sondern versucht, Menschen mit abweichendem Gedankengut mitunter beruflich und in ihrem Ansehen Schaden zuzufügen. Dazu sei nur an folgende Beispiele aus den vergangenen Jahren erinnert.

- Anfang der 90er Jahre versuchte man in Deutschland, den australischen Philosophen Peter Singer wegen seiner bioethischen Positionen öffentlich mundtot zu machen. Teilweise militante Proteste verhinderten damals zahlreiche geplante Veranstaltungen und Singer wurde nebst mehreren deutschen Professoren bedroht und auch physisch attackiert. Als 2011 die Giordano-Bruno-Stiftung Singer den Ethikpreis verlieh, wurde er von Hubert Hüppe, dem Beauftragten der Bundesregierung für die Belange behinderter Menschen, öffentlich als „Tötungsphilosoph" bezeichnet; zudem verglich der CDU-Politiker Singers Thesen mit nationalsozialistischem Gedankengut.
- Der deutsche SPD-Politiker Thilo Sarrazin wurde im Jahr 2010 de facto seiner Funktion als Vorstandsmitglied der Deutschen Bundesbank enthoben, nachdem er ein Buch zum Thema Integration veröffentlicht hatte.
- Die Nachrichtenmoderatorin Eva Herman verlor im Jahr 2007 ihren Posten bei der ARD nach der Veröffentlichung eines Buches zur Familienpolitik und sah sich daraufhin unseriösen öffentlichen Attacken ausgesetzt.

- Für einen Nicht-Juden wäre es praktisch undenkbar, ein Buch wie *Die Holocaust-Industrie* (2001) zu schreiben. Sein Verfasser, der Historiker Norman Finkelstein, wurde heftig angegriffen und in Deutschland von mehreren Veranstaltungen wieder ausgeladen.
- Am 4. April 2012 veröffentlichte der Literaturnobelpreisträger Günter Grass ein Gedicht unter dem Titel „Was gesagt werden muss", in dem er die Politik Israels als Bedrohung für den Weltfrieden kritisierte. Umgehend wurde Grass Antisemitismus und rechtsextremes Gedankengut vorgeworfen.

Nein, es geht mir wirklich nicht darum, die genannten Werke und Autoren in irgendeiner Weise zu kommentieren oder gar ihren Inhalt zu bewerten. Weder steht es mir zu, Singers Utilitarismus einer fundierten Kritik zu unterziehen, noch beziehe ich hier einen Standpunkt für oder gegen Sarrazin, Herman, Finkelstein oder Grass. Eines muss aber betont werden: Die auch durch provokante, dem Mainstream widersprechende Thesen ausgelösten Diskurse müssen erstens sachlich bleiben und dürfen zweitens nie die Person hinter den Argumenten angreifen. Das ist für eine Demokratie unerlässlich. Ihre Grundlage ist der permanente Streit, die kritische Auseinandersetzung auch und gerade mit Dingen, über die scheinbar ein breiter Konsens herrscht. Dafür ist eine grundsätzliche Toleranz gegenüber abweichenden Meinungen unverzichtbare Voraussetzung.

Wer einwendet, die Offenheit der Gesellschaft wäre dadurch gerade bewiesen, dass alle die genannten Personen ja die Möglichkeit gehabt hätten, öffentlich das Wort zu ergreifen, verkennt Folgendes: Die Meinungsfreiheit ist nicht erst dann eingeschränkt, wenn öffentlich Bücher verbrannt oder unliebsame Autoren eingesperrt werden. Bereits dort, wo der Ruf laut wird, man solle Menschen verbieten, sich öffentlich zu äußern oder wo Menschen mit entwürdigenden Reaktionen und beruflichen Nachteilen rechnen müssen, sobald sie ihre Meinung äußern, wo öffentlich dotierte Institutionen den Dialog verweigern aus Angst, medial an den Pranger gestellt zu werden, dort ist die

Gedankenfreiheit ernstlich in Gefahr. Wenn wie jüngst eine Kolumnistin Thilo Sarrazin mit hasserfüllten Verunglimpfungen angreift, indem sie ihn eine „lispelnde, stotternde, zuckende Menschenkarikatur"[9] nennt, die „das Niedrigste im Menschen"[10] anspreche; wenn der Präsident der Deutsch-Israelischen Gesellschaft sagt: „Mit Sarrazin sollte sich niemand mehr in eine Talkshow setzen"[11], dann entlarvt sich all das Gerede von Toleranz und Weltoffenheit, von kritischem Denken und Pluralismus als das, was es tatsächlich ist: ein Trugbild. In Wirklichkeit hat ein „machtvolles Meinungskartell das Kommando über die politische Gesinnung"[12] übernommen, meint der CDU-Politiker Jörg Schönbohm. Dass dies durchaus mit persönlichen Risiken verbunden sein kann, ersieht man auch daran, dass in den USA angehenden Lehrern der Abschluss einer besonderen Versicherung empfohlen wird. Schönbohm dazu: „Wie Ärzte, die sich gegen eventuelle Kunstfehler versichern können, sollten sich Lehrer gegen den Vorwurf absichern, sie hätten den falschen Text oder den falschen Ton im Unterricht gewählt."[13]

Ginge es dabei bloß darum, dass in Sachen Toleranz zwischen Anspruch und Realität ein viel tieferer Graben klafft, als wir immer dachten, dann wären solche Auswüchse für die Gesellschaft vielleicht verkraftbar, mögen sie für den Einzelnen auch noch so schmerzhaft sein. Besonders pikant aber und für den gesellschaftlichen Zusammenhalt durchaus gefährlich wird die Sache, wenn klar wird, dass zwischen Politikern und Medienvertretern auf der einen sowie der Bevölkerung auf der anderen

---

9) Kiyak, Mely: *Liebe Wissensgesellschaft!* – In: Frankfurter Rundschau, 19.5.2012
10) ebda.
11) Hauck, Stefan; Hellemann, Angelika; Uhlenbroich, Burkhard: *„Mit Sarrazin sollte sich niemand mehr in eine Talkshow setzen"* – In: Bild am Sonntag, 20.5.2012, Online im Internet:
http://www.bild.de/politik/inland/politiker-deutschland/mit-sarrazin-sollte-sich-niemand-mehr-in-eine-talkshow-setzen-24227970.bild.html
12) Schönbohm, Jörg: *Politische Korrektheit. Das Schlachtfeld der Tugendwächter*, Waltrop und Leipzig 2010, S. 5
13) ebda., S. 38

Seite eine offenbar zunehmende Diskrepanz in deren Weltsichten herrscht. Immerhin werden etwa Sarrazins Thesen von sehr vielen Menschen geteilt.

Unterwegs zur Herrschaft der political correctness

In den 80er Jahren des vergangenen Jahrhunderts erkannten linke amerikanische Studenten, dass Sprache eines der mächtigsten Werkzeuge darstellt und dass es möglich wäre, durch das Aufstellen von Sprachvorschriften das Bewusstsein der Menschen langfristig zu manipulieren und in Folge dessen Veränderungen in der sozialen Realität zu erwirken. Das war die Geburtsstunde der political correctness. Von Anfang an zielte das Konzept auf die sprachliche Einbeziehung und den Schutz von Minderheiten. Es ging um Antidiskriminierung, indem bestimmte Ausdrücke tabuisiert und andere an deren Stelle favorisiert wurden. Die Funktion der political correctness war und blieb dabei nichts anderes als Zensur: eine autoritäre Entscheidung darüber, in welcher Weise öffentlich über Themen gesprochen werden darf.

Um heutzutage glaubwürdig zu erscheinen und ernst genommen zu werden, sind nicht primär fachliche Qualifikation, argumentative Stichhaltigkeit und überzeugendes Auftreten vonnöten, sondern die Anpassung an vorgegebene Sprachcodizes. Wer dagegen verstößt, wird medial und politisch sehr schnell an den Pranger gestellt, als politisch untragbar diffamiert und häufig in seinen Aktivitäten eingeschränkt. Der Herrschaft der political correctness geht es also nicht um die Auseinandersetzung mit Argumenten, um die Kraft der Gedanken, sondern um Macht. Durch die Steuerung von Kommunikationsprozessen soll das Denken in Bahnen gelenkt werden. Gewisse Dinge darf man eben nicht sagen. Damit soll verhindert werden, dass diese Dinge überhaupt gedacht werden. Die Folgen sind dramatisch.

Wenn der Europarat vorschlägt, die Bezeichnungen Vater und Mutter aus dem offiziellen Sprachgebrauch zu verbannen und durch Kunstwörter wie „Elter1" und „Elter2" zu ersetzen, dann steckt dahinter wohl nicht weniger als der Wunsch, Normalität fundamental in Frage zu stellen. Warum nehmen wir es hin, dass der Oetinger-Verlag, in dem die Bücher von Astrid Lindgren erscheinen, diese umschreiben lässt und Pippi Langstrumpfs Vater nicht mehr als *Negerkönig*, sondern als *Südseekönig* bezeichnet wird, obwohl sich die Autorin zeit ihres Lebens gegen solche Eingriffe gewehrt hat? Nebenbei bemerkt könnte man den Ausdruck *Südseekönig* ebenso kritisieren, verherrlicht er doch offenbar die Kolonialzeit. Angesichts von so viel Sensibilität verwundert es nicht, dass in Belgien der Kongolese Bienvenu Mbutu Mondondo versuchte, den 80 Jahre alten Comic-Band *Tim im Kongo* des Zeichners Hergé wegen der „Rechtfertigung von Kolonialismus und weißer Überheblichkeit"[14] gerichtlich verbieten zu lassen. Die Klage wurde erstinstanzlich abgewiesen. Weil Mark Twain in seinem *Huckleberry Finn* 219 mal das Wort *Nigger* verwendet, wird der Abenteuerroman in amerikanischen Schulen nicht mehr gelesen – trotz einer unbestritten antirassistischen Gesinnung des Autors. Kurzerhand wird das Wort *Nigger* in neuen Ausgaben durch *Sklave* ersetzt. Seit 2003 heißt Agatha Christies Kriminalroman *Ten Little Niggers* in der deutschen Übersetzung nicht mehr *Zehn kleine Negerlein*, sondern *Und dann gabs keines mehr*. Während ich dies schreibe, wird Otfried Preußlers Kinderbuchklassiker *Die kleine Hexe* einer ideologischen Säuberung unterzogen, um „veraltete und politisch nicht mehr korrekte Begrifflichkeiten"[15] auszumerzen, so der Verleger Klaus Willberg. *Negerlein*, *Türken* und *Chinesinnen* werden sich wohl aus dem Buch verabschieden müssen. Überraschend, dass sich noch niemand am Titel selbst gestoßen hat, wurden doch

---

14) zitiert nach: Dittmar, Peter: *Wenn „Zehn kleine Negerlein" plötzlich verschwinden.* – In: Die Welt, 25.2.2012, Online im Internet: http://www.welt.de/debatte/kommentare/article13887699/Wenn-Zehn-kleine-Negerlein-einfach-verschwinden.html
15) zitiert nach: Greiner, Ulrich: *Die kleine Hexenjagd.* – In: Die Welt, 21.3.2013, Online im Internet: http://www.zeit.de/2013/04/Kinderbuch-Sprache-Politisch-Korrekt

als Hexen diffamierte Frauen im Mittelalter ebenso verfolgt. Dass Enid Blytons Geschichten *Fünf Freunde* an moderne Vorstellungen von Gendergerechtigkeit angepasst wurden, nehmen wir offenbar gelassen hin. Und es beunruhigt uns nicht, wenn eine Diplomarbeit aus dem Jahr 2010 kritisiert, diese Umarbeitungen würden nicht weit genug gehen: „Denn obwohl sich die Mädchen öfter verbal gegen die Buben behaupten, bleiben sie auch in der Neubearbeitung nur zu oft vom eigentlichen Abenteuer ausgeschlossen, aus keinem anderen Grund, als dass sie Mädchen sind"[16], heißt es im Abstract der Arbeit.

Vielleicht werden sich diese Fragen aber bald von alleine erledigen. Denn Vertreter des Europäischen Parlaments haben ihre Absicht geäußert, klassisch gewordene Kinderbücher, in denen traditionelle Rollenbilder vorkommen, per Gesetz aus dem Erziehungsprozess zu eliminieren. Nur wenige verstehen, dass hier Gehirnwäsche und Kulturmord stattfindet.

Selbst wem das nicht einleuchtet, sollte Folgendes bedenken: „Politisch korrektes Denken fragt als erstes nach der Gruppenzugehörigkeit eines Menschen. Sie ist es, die ihn (seine Identität) durch und durch bestimmen soll – oder die, wenn sie ihn nicht erschöpfend definiert, doch das einzig Interessante an ihm darstellt."[17] Dabei ist die Auswahl der Gruppen, die vorgeblich vor einer ausgrenzenden, stigmatisierenden Sprache geschützt werden müssen, völlig willkürlich. Sie entspricht genau jener, die im linken Weltbild den Katalog besonders gefährdeter Personen anführen: Frauen, Moslems, Zuwanderer, Homosexuelle, Zigeuner. Bezeichnenderweise gibt es aber eine Vielzahl anderer Gruppen, die in der Öffentlichkeit mitunter in viel höherem Maße aggressiven, beleidigenden Äußerungen ausgesetzt sind: Unternehmer, Spekulanten, Jäger, Aristokraten, Geistliche, Raucher, Politiker oder Polizisten. Für sie gibt es weder Sprach-

---

16) Marjanovic, Lucia: *Enid Blytons Fünf Freunde auf Deutsch.* Diplomarbeit, Univ. Wien, 2010, Abstract Online im Internet: http://othes.univie. ac.at/9900/
17) Zimmer, Dieter E.: *Leuchtbojen auf einem Ozean der Gutwilligkeit.* – In: Die Zeit, 23.2.1996

empfehlungen noch Gleichbehandlungsbeauftragte. Ihnen gegenüber wird Diskriminierung hingenommen, manchmal sogar gutgeheißen. Witze über Machos und Priester werden toleriert, nicht aber über Schwule und Blondinen. Angehörige konservativer oder heimatorientierter Parteien, die Teil eines demokratischen Parteienspektrums sind, müssen sich immer wieder gegen den Faschismusvorwurf verteidigen. Die Mitgliedschaft in einer kommunistischen Partei hingegen ist äußerst selten Gegenstand emotionaler Debatten gewesen. Wer gegen die Gier von Bankern auf die Straße geht, gilt als Vorbild für die Jugend. Wer eine Demonstration gegen bettelnde und stehlende Zigeunerbanden organisieren wollte, machte sich vermutlich der Verhetzung schuldig. Dabei wird in beiden Fällen mit Vorurteilen und Stigmatisierungen gearbeitet. Gewiss gibt es gierige und unsozial agierende Banker, ebenso aber gibt es in Gruppen organisierte kriminelle Zigeuner. Natürlich ließe sich darüber diskutieren, in welcher der beiden Gruppen das asoziale Element zahlenmäßig stärker vertreten ist oder wer größeren Schaden anrichtet. Solche Differenzierungen finden aber gar nicht statt und sollen es offenbar auch nicht. Warum wird ein Aufkleber mit *Raucher stinken* oder *Soldaten sind Mörder* toleriert? Stellen solche Sätze nicht auch eine inakzeptable Beleidigung von Menschen, eine Verletzung der Menschenwürde dar?

Es wird offensichtlich: Die Auswahl der zu schützenden Gruppen ist in der Praxis vom Weltbild der Sprachwächter bestimmt, und diese sind in fast allen Fällen im linken politischen Milieu zu suchen. Man könnte einwenden, dass auch Witze über Machos und Priester durchaus verpönt sind, man solle eben niemanden beleidigen und herabsetzen. Das aber bedeutet, dass es so gut wie gar keine Witze mehr geben dürfte, weder Bratscherwitze noch Schwiegermutterwitze, weder Ostfriesen- noch Schottenwitze, weder Lehrer- noch Beamtenwitze, weder Polizisten- noch Kellnerwitze. Fast jeder Witz erzeugt Heiterkeit auf Kosten eines anderen. Und selbstverständlich geht es keineswegs bloß um Witze. Gleichbehandlungsgesetze, die in den letzten Jahren in Europa wie Pilze aus dem Boden schießen und das Leben der Menschen einschränken sollen, stellen Gedanken- und Gesinnungsdelikte unter Strafe. Wer etwa einen Mieter ablehnt, weil er ihm zu wenig vertrauenerweckend erscheint, darf das ohne Weiteres tun. Wer denselben Mieter ablehnt, weil es sich um eine Frau, einen Homosexuellen oder einen Buddhisten handelt, macht sich strafbar. Dasselbe gilt für den öffentlichen Sprachgebrauch: Reiche als Schmarotzer zu beschimpfen, die gefälligst für jeden sozialistischen Traum zu zahlen haben, ist geradezu normal; darauf hinzuweisen, dass Personen mit Migrationshintergrund in vielen Ländern viel häufiger Gewaltverbrechen zu verantworten haben als Einheimische, wird hingegen als rassistisch eingestuft. Wer zum Beispiel Letzteres etwas pointiert und vielleicht sogar ein wenig polemisch artikuliert, riskiert, dass der Staatsanwalt gegen ihn aktiv wird.

Problematischer als die Frage, welche Gruppe aus welchen Gründen als Opfer angesehen und deshalb sprachlich bevorzugt werden soll, ist die Tatsache, dass Sprachvorschriften die wahren Überzeugungen nur verschleiern. Jedem Eingriff in den öffentlichen Sprachgebrauch liegt folgende kühne These zugrunde: Die Sprache, die ein Mensch verwendet, spiegelt nicht nur seine Gesinnungen wieder, sondern beeinflusst umgekehrt auch sein Bewusstsein. Dürfen wir also annehmen, die Eliminierung etwa der Wörter *Neger* und *Nigger* hätte automatisch eine offenere Einstellung gegenüber Schwarzen zur Folge gehabt? Glauben wir tatsächlich, Vorurteile und Ängste würden verschwinden, nur weil wir nicht mehr *Zigeuner* sagen? Wohl kaum. „An den Verhältnissen selbst ändert der Austausch von Wörtern nie etwas. Und ob er zumindest die Domäne der Sprache etwas freundlicher und gerechter gestaltet, steht dahin – denn wo es emotionale Vorbehalte und Abneigungen gegen bestimmte Gruppen gibt, heften sich diese alsbald auch an neue Wörter, so daß ein ständiger Austausch nötig wird. Die Entwicklungsreihe von negroes zu Negroes zu non-whites zu colored (heute: persons of color) zu minority group zu dem heute korrekten African Americans ist ein Beispiel."[18] Dieses Phänomen ist in

---

18) ebda.

der Linguistik als Euphemismus-Tretmühle bekannt. „Auf jeden Fall aber machen die politisch korrekten Renovierungen das Sprechen zu einem Eiertanz: Könnte das Wort, das mir auf der Zunge liegt, eventuell jemanden kränken? Wobei es nicht darauf ankommt, ob es wirklich jemanden kränkt; es genügt, daß sich einige Profianstoßnehmer prophylaktisch im Namen der betreffenden Opfergruppe gekränkt fühlen."[19] Ein Erfolg der political correctness hätte also den Zustand zur Folge, dass wir vielleicht einen tadellosen Umgangston pflegten, der vordergründig niemanden stigmatisieren und diskriminieren würde. Es wüsste aber auch niemand, was die Leute wirklich denken. Denn durch die Sprachreinigung würden wir die Mittel verlieren, um auf die Gesinnung der Sprecher zu schließen. Anders ausgedrückt: Die Frage, ob Menschen, die ganz mit einer berichtigten Sprache erzogen wurden, auch das entsprechende korrekte Bewusstsein besäßen, ließe sich nicht mehr erkennen. Statt also „tatsächliches Verständnis für die Belange der Minderheiten zu erzeugen"[20] verstärkt die Politische Korrektheit „die gesellschaftliche Fragmentierung und Gruppenbildung."[21]

Nur am Rande sei erwähnt, dass die Verfechter politisch korrekter Redeweisen in ihrem Wunsch niemanden auszugrenzen gerade dies oft tun. Bestes Beispiel dafür ist die Bezeichnung *Zigeuner*. Die Ersetzung dieses Wortes durch Sinti und Roma prädestiniert zwar die beiden größten Volksgruppen der Zigeuner, schließt aber viele andere aus. Auf der Homepage der Schweizerischen Zigeunermission heißt es deshalb: „Wir verstehen Zigeuner in keiner Weise diskriminierend, sondern verwenden sie in Ermangelung eines besseren Sammelbegriffs für Jenische, Fahrende, Roma, Sinti, Manouches, Kalés, Lambadi, Koya, Narrikuvar und andere Volksgruppen."[22]

---

19) ebda.
20) Schönbohm, S. 21
21) ebda.
22) Homepage der Schweizerischen Zigeunermission, Online im Internet: www.zigeunermission.ch

Der Feminismus und das biologische Geschlecht

Vor wenigen Jahrzehnten begann ein beispiellos erfolgreicher Feldzug gegen die Traditionen der deutschen Sprache, der unter der Bezeichnung „Gendern" mittlerweile zum Teil Allgemeingut geworden ist. Die Vorschläge zur Veränderung der Sprachgewohnheiten haben ihren Ursprung in den Utopien radikalfeministischer Kreise der 70er Jahre. Mit den absolut berechtigten Forderungen der frühen Frauenrechtsbewegung haben sie indes nichts zu tun. Letzteren ging es um bürgerliche Rechte, die im Laufe des 19. und frühen 20. Jahrhunderts das Bürgertum erstritten hat – zunächst für Männer und dann allmählich auch für Frauen. Der moderne Feminismus hingegen zielt nicht auf rechtliche Gleichstellung – die ist in Mitteleuropa längst erreicht –, er greift nicht faktische Benachteiligungen von Männern oder Frauen auf, sondern stellt die natürliche Dichotomie von Mann und Frau grundsätzlich in Frage. Aus seiner Sicht ist praktisch jedes geschlechtsspezifische Verhalten ein soziales Konstrukt und daher politisch manipulierbar. Die Art, wie Menschen miteinander umgehen, wie sie miteinander reden, was sie übereinander denken, nach Ansicht moderner Feministinnen[23] ist all dies das Produkt patriarchaler Gesellschaftsstrukturen und gehört daher zerstört – „sie wollen eine Gesellschaft, die keinen Unterschied zwischen den Geschlechtern mehr kennt, weil dieser ‚anerzogen' und nichts weiter als eine ‚Illusion' ist"[24], meint Jörg Schönbohm. Deshalb „muß das als Zwangsbegriff verneinte ‚Geschlecht' durch ‚Gender' ersetzt werden. Und möglichst schon in der Krippenerziehung soll mit der

---

23) Trotz der Tatsache, dass auch viele Männer für Frauenanliegen aufgeschlossen sind, ist Feminismus ein Teil der Frauenbewegung. Er wird von vielen Frauen nicht nur als ideologischer Standpunkt verstanden, sondern als innere Haltung, als Ausdruck ihres Frauseins. Daher ist es umstritten, ob es möglich ist, Männer als Feministen zu bezeichnen. Hinzu kommt, dass feministische Forschung fast ausschließlich von Frauen betrieben wird. Aus diesen Gründen ist in diesem Buch immer nur von Feministinnen und nicht von Feministen die Rede.
24) Schönbohm, S. 26

geistigen Geschlechtsumwandlung begonnen werden"[25], bringt es Volker Zastrow auf den Punkt. Ziel ist der neue Mensch: Männer und Frauen sind in allen beruflichen und zwischenmenschlichen Situationen austauschbar, sie sind praktisch geschlechtslos, da das biologische Geschlecht außer der Fortpflanzung keinen Einfluss auf ihr Dasein, auf ihr Verhalten, ihr Sprechen, ihre Gefühle hat. Für die Sprache bedeutet die Leugnung biologischer Unterschiede Folgendes: Entweder das Geschlecht muss nach Möglichkeit aus der Sprache verschwinden oder zwischen männlich und weiblich muss völlige Ausgewogenheit herrschen. Dieser Ansatz ignoriert jedoch nicht nur unausrottbare Unterschiede zwischen den Geschlechtern, sondern auch, dass die Sprache ein organisches Gebilde ist, das eine Jahrtausende alte Geschichte hat.

Daher ist die Frage, ob die faktischen Differenzen zwischen Männern und Frauen allesamt ansozialisiert oder größtenteils genetisch bedingt sind, in Wirklichkeit unerheblich. Denn die Behauptung, Geschlechterrollen seien das Ergebnis direkt oder indirekt anerzogener Verhaltensweisen, impliziert noch kein Werturteil über die zugrunde liegende Kultur. Ist die europäische, oft als patriarchal verschriene Kultur nun erhaltenswert oder verwerflich, langfristig tragfähig oder dem Untergang geweiht, produktiv und kreativ oder nur passiv und reaktiv? Sind die Menschen, die in ihr großgeworden sind, glückliche Menschen, die sich in ihrem Weltbild heimisch fühlen? Oder sind sie orientierungslos und daher für jede Modeströmung empfänglich? Garantiert ein aus dem ideologischen Boden gestampftes neues Bewusstsein eine gerechtere, eine bessere, eine wünschenswertere Gesellschaft? Ist eine auf die Herrschaft der Politischen Korrektheit gegründete Zivilisation wirklich ein erstrebenswertes Ziel? Ist sie den Menschen in höherem Maße gemäß als überkommene Wertvorstellungen? Können sich Menschen unter ihr besser entfalten? Das alles sind Fragen, die wohl nur aus dem historischen Rückblick zu beantworten sein werden. Was ich zu

---

25) Zastrow, Volker: *„Gender Mainstreaming" Politische Geschlechtsumwandlung.* – In: FAZ, 20.6.2006

sagen versuche: Jede Gesellschaft verfestigt Lebensformen, die sich in einer bestimmten Zeit als erfolgreich erweisen. Dabei konkurrieren stets divergierende Werte wie Freiheit, Gleichheit, Gerechtigkeit.

Das Experiment, das heutzutage in der westlichen Zivilisation durchgeführt wird, sucht in der Geschichte wohl seinesgleichen. Denn jede Kultur definiert sich auch über die Unterschiedlichkeit zwischen Männern und Frauen. Und es ist nirgends gesagt, dass eine Gesellschaft dauerhaft Bestand haben kann, ja dass das Leben in ihr auch nur in irgendeiner Weise als attraktiv und lebenswert empfunden wird, wenn das Weibliche dem Männlichen bis zur Unkenntlichkeit angeglichen wird oder das biologische Geschlecht aus der Wahrnehmung der Menschen weitgehend verschwindet.

Übrigens scheint der Streit darüber, ob Erziehung oder Anlagen für geschlechtsspezifische Unterschiede verantwortlich sind, entschieden zu sein. Dem norwegischen Komiker und Soziologen Harald Eia fiel auf, dass norwegische Frauen trotz Quoten und eines nationalen Genderplans, der eine geschlechtsneutrale Erziehung garantieren sollte, nach wie vor stark in frauentypische Berufe drängen. In einer 2010 ausgestrahlten, populärwissenschaftlichen Serie für das öffentlich-rechtliche Fernsehen unter dem Titel *hjernevask* (Gehirnwäsche) befragte er international anerkannte Experten und konfrontierte heimische Wissenschaftler mit deren Stellungnahmen. Die Reaktionen der Norweger erwiesen sich als erschütternd blamabel. Sie erklärten unisono naturwissenschaftlich-genetische Faktoren beim Unterschied zwischen den Geschlechtern für abwegig und Erkenntnisse von Naturwissenschaftlern für tendenziös. Die Konsequenz der Debatte: der Nordische Ministerrat – in dem die Länder Norwegen, Dänemark, Schweden, Finnland und Island vertreten sind – Länder also, die seit Jahrzehnten an der Spitze der Gender-Forschung stehen, strich dem 1995 gegründeten Gender-Institut die Förderung, so dass es Ende 2011 geschlossen wurde.

Bei der feministischen Sprachkritik handelt es sich keineswegs um Reaktionen auf eine Notwendigkeit, die von der Mehrheit der Bevölkerung irgendwann erkannt worden wäre. Es gibt kein Bedürfnis nach feministischer Kampfsprache. Im Gegenteil: Vom ersten Tag an wurde den sprachverhunzenden Ideen einer geschlechtergerechten Sprache sowohl von den meisten Männern als auch von den meisten Frauen mit einer Reihe guter Gründe heftiger Widerstand entgegengebracht. Dennoch muss man der feministischen Bewegung Anerkennung zollen. Denn sie hat es sich in der Kultivierung der Opferrolle bequem gemacht und agiert von dort aus ungemein erfolgreich. Je umfassender die rechtliche und faktische Gleichstellung voranschreitet, die mittlerweile in vielen Fällen zu einer weiblichen Bevorzugung zuungunsten von Männern ausartet, umso vehementer werden Gender Studies forciert, umso mehr Gleichstellungsbeauftragte bevölkern öffentliche Institutionen, umso mehr Leitfäden zum geschlechtssensiblen Sprachgebrauch werden auf Kosten der Steuerzahler gedruckt, umso nachhaltiger werden Kinder in Schulen mit einem zeitgeistigen Gendersprech gefüttert.

Die Methode zur Rechtfertigung politisch korrekter Redeweisen ist dabei immer dieselbe: es ist das Denken in Opfergruppen. Man definiert eine ganze Gruppe als Opfer, auch wenn die Mehrheit ihrer Mitglieder sich gar nicht als Opfer fühlt. Mit der moralischen Empörung angesichts faktischer oder behaupteter Benachteiligung wird ein emotionaler Druck auf den Rest der Gesellschaft erzeugt. Das schlechte Gewissen bei denen, die nicht zu einer tatsächlichen oder eingebildeten Randgruppe gehören, ist die Grundlage für den Erfolg Politischer Korrektheit – ganz gleich, wie berechtigt der Diskriminierungsvorwurf und wie sinnvoll die neuen Vorschläge sind. Und das Schlimmste: selbst Angehörige der vermeintlichen Opfergruppen können die Argumentation nicht durchbrechen. Sofern sie sich nicht mit den Sprachwächtern solidarisieren, beweisen sie nur, wie sehr sie von ihren Unterdrückern manipuliert wurden. Solche Methoden sind erpresserisch, undemokratisch und vor allem unliberal.

Hausverstand oder empirische Forschung?

Unbestreitbar leben wir heutzutage in einer Expertokratie. Das Urteil sogenannter Experten ist für politische und individuelle Entscheidungen von höchster Wichtigkeit. In vielen Fällen ist das wohl unvermeidbar, weil etwa technische oder organisatorische Prozesse für den Einzelnen kaum durchschaubar und dementsprechend wenig beurteilbar sind. Dennoch gibt es zahlreiche Streitfragen, die seit Jahrzehnten festgefahren sind. Die Argumente scheinen ausgereizt zu sein, ein Konsens ist nicht in Sicht, die Kontrahenten beharren unverrückbar auf ihren Standpunkten. Das betrifft die meisten ethischen Fragen (Abtreibung, Euthanasie, Stammzellenforschung, Tierversuche), aber auch viele andere weltanschauliche Themen, wie z.B. Bildung und Erziehung. Zu glauben, Ethikkommissionen oder Expertenrunden würden einen höheren Grad an Objektivität in solche Diskussionen bringen, ist ein Irrtum. Die Wissenschaften haben nur das zum Gegenstand, was sich rational objektivieren lässt. Wo es aber um Bewertungen geht, ist das Wertegerüst des Einzelnen entscheidend. Insbesondere bei Fragen, die seit Jahrhunderten das Leben der Menschen begleiten, ist das Vertrauen auf das eigene Urteil, auf Gefühl und Intuition sehr wichtig. Dabei spielen persönliche Erfahrungen und philosophische Überlegungen ebenso eine Rolle wie religiöse Überzeugungen. Das gilt für die Kindererziehung wie für den Umgang mit der Umwelt oder mit dem Eigentum anderer Menschen.

Im Unterschied zu Wertefragen gibt es über mathematische Aussagen oder physikalische Gesetzmäßigkeiten keinen Streit, es herrscht das zwingende Argument und die Überzeugungskraft wiederholbarer Experimente. Dort aber, wo es um Hermeneutik, also die Deutung von Sinn geht, öffnen sich Räume für Interpretationen. Dabei ist der individuelle weltanschaulich-politische Standpunkt maßgebend. Daher gibt es in den Sozial- und Geisteswissenschaften so wenig Fortschritt. Archäologische Entdeckungen oder textkritische Auswertungen von Dokumenten können zwar gesichertes Wissen zutage fördern und historische

Ereignisse in neuem Licht erscheinen lassen. Verbindlich in den Geisteswissenschaften ist aber das Wenigste. Auch herrscht in jeder Epoche ein anderer Zeitgeist, gelten andere Paradigmen. Dadurch entsteht oft der Eindruck eines echten Erkenntnisgewinns, in Wirklichkeit handelt es sich jedoch meist um Moden, die alte Ideen mit neuen Worten aufwärmen. Dabei scheitert selbst die sogenannte empirische Forschung an ihren ideologischen Vorgaben: so hat trotz gewaltigen Forschungsaufwands niemand eine Lösung dafür gefunden, wie denn die beste Art der Erziehung aussieht, wie erfolgreicher Schulunterricht funktioniert oder von welchen Prämissen eine gelungene Ehe abhängt. Weder Philosophie noch Soziologie noch Politologie können die Frage beantworten, welche Verfassung die beste und gerechteste ist. Seit Jahrzehnten wird der Zusammenhang zwischen Medienkonsum von Jugendlichen auf der einen und Größen wie Intelligenz, Aggressionsbereitschaft und Sprachkompetenz auf der anderen Seite untersucht, ohne dass valide und für das Leben der Menschen handlungsleitende Erkenntnisse zu verzeichnen wären.

Ähnlich verhält es sich mit den Wirtschaftswissenschaften, in denen unterschiedliche ideologische Ausrichtungen vollkommen gegensätzliche Einschätzungen zeitigen. Besonders frustrierend sind die mageren Ergebnisse in einem Bereich, der sich sogar auf naturwissenschaftliche Fakten stützen kann: der Ernährungswissenschaft. Obwohl es für viele Menschen kaum eine wichtigere Frage zu geben scheint als die nach einer gesunden Ernährung, herrscht an dieser Front ein beinharter ideologisch durchtränkter Glaubenskrieg, wie ein Streifzug durch die Ernährungsabteilung jeder beliebigen Buchhandlung überzeugend demonstriert. Die erste Studie zu der Frage, ob vegetarische Ernährung gesünder sei als fleischreiche Kost wurde 600 v. Chr. durchgeführt. Eine Antwort ist die Forschung bis heute schuldig geblieben. Von Fortschritt also keine Spur. Selbst medizinische Forschung tappt häufig im Dunkeln und liefert höchst widersprüchliche Ergebnisse, wie etwa an der Diskussion um eine mögliche Schädlichkeit von Handystrahlen erkennbar ist.

In noch höherem Maße unfruchtbar ist die Erwartung, die Sprachwissenschaft könne uns sagen, wie eine gerechte Sprache auszusehen habe. Wer wie was meint oder versteht, welche Formulierung welche Gruppe in welchem Maße sichtbar oder unsichtbar macht, bevorzugt oder benachteiligt: das lässt sich auch mit Hilfe empirischer Untersuchungen nicht ermitteln. Der Anspruch, aus Häufigkeitsverteilungen bei standardisierten Befragungen normative Sprachvorschriften abzuleiten, zielt über jede Seriositätsgrenze. Kommunikation und Sprache sind extrem komplexe Vorgänge. Jeder Versuch, Einzelaspekte isolieren zu wollen, die eine Relevanz für das menschliche Miteinander haben, ist zum Scheitern verurteilt. Überhaupt ist es eine absurde Vorstellung, das eigene Sprachgefühl könne durch eine Handvoll statistischer Daten oder linguistischer Spitzfindigkeiten in Frage gestellt werden.

So geht es beim Gendern nicht primär um eine wissenschaftliche Auseinandersetzung. Aufgabe der Wissenschaft ist es, Gesetzmäßigkeiten zu erforschen, nicht, sie zu bewerten. Werten bedeutet subjektives Urteilen. Alle Menschen, welche die deutsche Sprache verwenden, sollten sich daher folgende Fragen stellen:

- Ist es wünschenswert, dass eine Minderheit selbst ernannter Experten darüber befindet, was – im Sinne der Geschlechtergerechtigkeit – als richtig und was als falsch zu gelten hat?
- Mit welchem Recht beanspruchen Feministinnen besser zu wissen als die Mehrheit der Sprecher, was mit einem Ausdruck oder einer Redewendung gemeint ist?
- Sollen Kinder möglichst früh zu einem völlig veränderten Sprachgebrauch erzogen werden, der weder auf der Tradition noch auf der Alltagserfahrung beruht noch ernst zu nehmende literarische Vorbilder hat?
- Sind Sprachvorschriften ein legitimes und geeignetes Mittel, um gesellschaftliche Veränderungen zu erreichen? Und besteht über diese Veränderungen ein Konsens?
- Sind wir uns darüber im Klaren, wie hoch der Preis dafür ist, dass die Sprache zunehmend sexualisiert wird?

- Welche Rolle spielt Sprache für mich als Einzelnen?
- Was bedeutet sprachliche Tradition für mich? Lässt sich ein neuer Sprachgebrauch flächendeckend verordnen und falls ja, ist dies wünschenswert?
- Sind die historischen Erfahrungen mit Versuchen, über Sprachvorschriften gesellschaftliche Bewusstseinsmuster zu beeinflussen, nicht abschreckend?

Mit empirischer Forschung kommen wir bei solchen Fragen nicht weiter. Das bedeutet keinesfalls, dass man sich Argumenten verschließen und nur aus dem Bauch heraus urteilen sollte. Im Gegenteil, der Hausverstand, das eigene Denken, sie sind ganz im Sinne der Aufklärung immer noch die beste Voraussetzung, um zu vernünftigen Lösungen zu kommen. Um sich ein Urteil bilden zu können, bedarf es keines Philologie-Studiums. Jeder, der die deutsche Sprache beherrscht und ein wenig historisches Wissen besitzt, ist qualifiziert genug, auf voranstehende Fragen eine Antwort zu finden. Es handelt sich um Entscheidungen, die nicht Gegenstand der Wissenschaft sind, auch wenn uns die feministische Linguistik das Gegenteil suggerieren möchte. Letztlich geht es um die beiden Fragen *Wie wollen wir leben?* und *Wie wollen wir miteinander sprechen?* Dem Nachdenken über diese Fragen einen Anstoß zu geben, dazu ist dieses Buch entstanden.

In den folgenden Kapiteln werde ich den Versuch unternehmen, die feministische Linguistik einer radikalen Kritik zu unterziehen. Ich möchte deren sprachrevolutionäre Vorschläge in ihren Grenzen, ihrer Widersprüchlichkeit und ihrer stilistischen Hässlichkeit entlarven. Dazu werde ich zunächst aufzeigen, wie weit sich die Ideologie des Genderns bereits ausgebreitet hat, und ihre weltanschaulichen Grundlagen beleuchten. Dabei werde ich versuchen deutlich zu machen, dass Sprachsteuerung durch Moralisierung einer autoritären Gesinnung entspringt.

Ich will zweitens darlegen, dass die seitens der feministischen Linguistik vorgebrachten Argumente wissenschaftlich unhaltbar sind und in erster Linie auf einer künstlich konstruierten

Gleichsetzung von Genus und Sexus beruhen. Dabei werde ich auch auf Ergebnisse der empirischen Forschung eingehen.

Drittens möchte ich aufzeigen, dass die Vorschläge für ein sogenanntes geschlechtergerechtes Formulieren schädlich sind für die Kommunikation. In der Praxis können sie – insbesondere in der gesprochenen Sprache – nicht konsequent durchgehalten werden, weil sie zu logischen Widersprüchen und gedanklichen Unklarheiten führen. Sie stellen eine Abkoppelung von der sprachlichen Tradition dar und eine Zumutung für Verständlichkeit, Prägnanz und guten Stil. Folglich werden sie von der Mehrheit der Sprecher beiderlei Geschlechts abgelehnt.

Viertens werde ich zu belegen versuchen, dass die eingeforderte Sexualisierung der Sprache emanzipatorische Anliegen keinesfalls fördert, sondern eher behindert.

Vermutlich wird man mir den Vorwurf des Sexismus machen. Ein Mann, der nicht jede Maßnahme befürwortet, welche die gesellschaftliche Stellung der Frauen verbessern soll, steht schon halb auf verlorenem Posten. Wer – wie viele Vertreterinnen der feministischen Sprachkritik – davon überzeugt ist, dass patriarchale Strukturen in den Köpfen der Männer nach wie vor für die Unterdrückung der Frau sorgen und sich dies in der Sprache manifestiert, der wird einen Mann wohl kaum als gleichberechtigten Gesprächspartner in diesem Diskurs ansehen. Dazu ist zu sagen: Ich unterstütze jede Maßnahme, welche die gesellschaftliche Situation von Menschen – Männern und Frauen – tatsächlich verbessert. Ein Staat kann aber nur Rechtsgleichheit garantieren, niemals Ergebnisgleichheit, d.h. Gleichheit in den Lebensvollzügen. Wir müssen einsehen: Jede Gesellschaft ist ungerecht. Das liegt schon daran, dass die Natur selber ungerecht ist. Sie stattet Menschen mit unterschiedlicher Gesundheit, unterschiedlicher Intelligenz, unterschiedlichen Begabungen, unterschiedlicher Schönheit und unterschiedlicher Körperkraft aus. Die Gesellschaft kann und soll diese ungleichen Voraussetzungen ein Stück weit kompensieren, dennoch ist Ungleichheit immer eine Chance: Sie ist Triebkraft für Anstrengung und Kreativität, sie schafft lebendige Vielfalt statt monotoner

Gleichartigkeit. Jeder Versuch, eine perfekte Gesellschaft zu formen, endete in der Geschichte bislang im Desaster. Er schuf – ohne es zu beabsichtigen – meist größere Ungerechtigkeiten, als sie zuvor geherrscht haben, und führte in letzter Konsequenz zu Umerziehungslagern und offener Gewalt.

Entgegen einer weit verbreiteten Ansicht ist unsere Sprache keineswegs nur ein Kommunikationsmittel, um Informationen auszutauschen. Vielmehr erfüllt sie eine tiefe humane Funktion. Ohne sie wäre menschliches Bewusstsein undenkbar. Sprache trägt unser Wissen und ermöglicht uns klare Gedanken. Sie lässt uns urteilen und verhilft uns, Gefühle auszudrücken. Indem wir unseren Wünschen und Sehnsüchten, unseren Freuden und Schmerzen, unseren Ängsten und Erinnerungen Namen geben, verleihen wir ihnen Lebendigkeit und Dauer. Indem wir sagen, was uns glücklich macht und was misslungen ist, was uns ängstigt und was wir hoffen, erschaffen wir eine eigene, greifbare Gegenwart. Ein altertümlicher Ausdruck macht uns längst vergessene Kindheitstage wieder lebendig; ein guter Witz löst uns aus einer inneren Anspannung; eine schöne Formulierung kann uns begeistern und ergreifen, sie kann uns zu Tränen rühren wie Musik oder Malerei. In Augenblicken der Freude, der Trauer, des Schmerzes drängen unsere Emotionen nach außen, sie suchen nach Wörtern und werden Sprache. Selbst dann, wenn niemand da ist, der sie hören kann. Nur in und mit ihr können wir fordern, drohen und bitten, beten, urteilen und verurteilen, beleidigen, verletzen und trösten, belehren, argumentieren, überzeugen und lügen. So begleitet uns Sprache in fast jedem Augenblick des Lebens, sie gibt uns Orientierung und stiftet unsere Identität. Sie bildet die Grundlage jeglicher menschlicher Gemeinschaft. Wie wir uns in ihr einrichten, wie wir die Welt in Worte fassen, ist viel zu wichtig, als dass wir Zugriffe staatlicher Überwachung oder ideologische Besserwisserei dulden dürften.

1. Die gegenwärtige Sprachrevolution

„Der Furor gegen ein schimärenhaftes ‚Männer'-Kollektiv appelliert an emotionale Prägungen, nicht an das rationale Erkenntnisvermögen des Publikums."

Dagmar Lorenz, Sprachwissenschaftlerin

Sprache – Kampfplatz der Interessen

Manipulation durch Sprache ist wohl so alt wie diese. Immer wieder haben Staaten versucht, Sprachregelungen vorzuschreiben, um durch sie weltanschauliche Überzeugungen zu installieren und zu festigen. Meist handelte es sich um euphemistische Umschreibungen bestehender Begriffe im Dienste der Parteipropaganda. So hießen etwa in der DDR vom Staat konfiszierte Vermögenswerte *Volkseigentum*. Standen die Regale im Supermarkt leer, sprach man von *Bedarfsunterdeckung*. Menschen, die im Ausland illegal Spionage betrieben, wurden *Kundschafter des Friedens* genannt. Die marxistische Ideologie wurde durch die Bezeichnung *Wissenschaftliche Weltanschauung* zur objektiven Wahrheit erhoben. Statt Anti-Baby-Pille sagte man *Wunschkindpille* und die Berliner Mauer hieß offiziell *Antifaschistischer Schutzwall*. Selbst in Staaten, die keine verbrecherischen Absichten hegen, sind solche Schönfärbereien in Politik und Medien an der Tagesordnung. Ob Menschen, die gewaltsam gegen eine Staatsmacht kämpfen, als *Befreiungskämpfer* oder als *Terroristen* bezeichnet werden, hängt vom ideologischen Standpunkt ab. Und jeder Politiker weiß, dass er die *Online-Durchsuchung* viel leichter durchsetzen kann als die *Computerverwanzung*. In der Regel durchschauen die Menschen die Absicht hinter solchen Umschreibungen. Außerdem verschwinden mit dem Niedergang einer Ideologie, einer Doktrin, einer politischen Mode meist deren Ausdrücke oder verändern mit der Zeit ihre Bedeutung.

Von anderer Art ist der Vorgang, den wir derzeit im deutschen Sprachraum erleben. Ausgelöst durch die feministische Sprachkritik der frühen 80er Jahre des 20. Jahrhunderts vollzieht sich fast unbemerkt ein Umerziehungsprogramm, das unter dem Namen „Gendern" durch Hörsäle und Redaktionsstuben, Schulklassen und Ministerien geistert. Es handelt sich um eine äußerst erfolgreiche Sprachrevolution, bei der kein mächtiger Parteiapparat die Fäden zieht und die deshalb von den meisten kaum beachtet wird. Im Dienste vermeintlicher Gerechtigkeit wird seitens einer Minderheit mit großem moralischen Anspruch die Opferrolle kultiviert. Dies genügt, um den entsprechenden sozialen Druck zu erzeugen, dem sich die Mehrheit bereitwillig beugt. Dabei stehen nicht nur einzelne, politisch unerwünschte Ausdrücke im Visier der Sprachwächter. Auch sollen nicht bloß irgendwelche Missstände euphemistisch schöngeredet werden. Nein, diesmal geht es um Grundlegenderes. So wurden etliche Personen- und Berufsbezeichnungen, Begriffe, Redewendungen und Floskeln, die stets selbstverständlicher Teil der deutschen Sprache waren, an den Pranger der political correctness gestellt. Wörter wie *Fräulein*, *Mannschaft*, *herrlich*, *jedermann* oder *niemand* gelten als ebenso suspekt wie der *Bärenhunger*, der Ausruf *Gott sei Dank* oder die Weisheit *Der Klügere gibt nach*. Gravierender aber ist, dass seit geraumer Zeit die Grammatik selber und damit die Grundlage unseres Denkens herausgefordert ist. Jenes logisch ordnende Gefüge, das allein Präzision und Vielseitigkeit menschlicher Ausdrucksmöglichkeiten garantiert, wird in einigen wesentlichen Punkten durch eine pseudowissenschaftliche Argumentation als sexistisch denunziert.

An Universitäten sollen keine *Studenten* mehr studieren, sondern nur mehr *Studierende*, in Büros sollen statt *Kollegen* die *KollegInnen* gut miteinander auskommen. Selbst Sätze wie *Wer hat seinen Mantel vergessen?* oder *Jeder, der Erfolg haben will, muss sich anstrengen* oder *Wenn man Erfolg haben will, muss man sich anstrengen* gelten als sexistisch. Die deutsche Sprache sei – so heißt es von Seiten feministischer Linguistinnen – ihrem Wesen nach maskulin und benachteilige Frauen, indem sie diese unsichtbar mache oder auf andere Weise diskriminiere. Mit dieser zum ersten Mal von Senta Trömel-Plötz öffentlichkeitswirksam aufgestellten Behauptung verlor die Sprache schlagartig ihre Unschuld. Das, was über Jahrhunderte unmissverständlich war und als richtig galt, soll seither zu erheblichen Teilen nicht mehr verwendet werden, weil es angeblich die Benachteiligung der Frau begünstige. Stattdessen wird ohne Rücksicht auf Sprachrichtigkeit, Verständlichkeit, Schönheit und Tradition ein Papierdeutsch zur Norm erhoben, das weder die Kommunikation verbessert noch einen Beitrag zu emanzipatorischen Anliegen leistet. Im Gegenteil: Es spricht vieles dafür, dass durch die aggressive Sexualisierung der Sprache, wie sie von feministischer Seite gefordert wird, nicht nur die Kommunikation schwerfällig und missverständlich wird, sondern dass auch den Anliegen der Frauenbewegung auf diese Weise ein Bärendienst erwiesen wird. Näheres dazu in Kapitel 7.

Von den ersten Veröffentlichungen an wurde an den Konzepten der feministischen Linguistik harsche Kritik geübt. Alle Argumente sind bis ins Detail analysiert, alle Vorwürfe gegen die deutsche Sprache entkräftet. Die Akzeptanz in der Bevölkerung ist marginal. In der Alltagssprache kommt das Gendern so gut wie nicht vor. Trotzdem wuchert es im öffentlichen Sprachgebrauch ungehindert. Keine Universitätsvorlesung, kein Schulbuch, kein Gesetzestext, kein behördliches Schreiben, kein Internetauftritt einer staatlichen Institution, keine Politikerrede kommen ohne mehr oder weniger konsequentes Bemühen aus, gendergerecht zu formulieren. Mögen die darin praktizierten Ausdrucksformen noch so sperrig, missverständlich und unästhetisch sein, immer mehr Menschen glauben, sich dem gesellschaftlichen Druck beugen und ihr Sprachempfinden zugunsten eines zeitgeistigen Gendersprechs betäuben zu müssen. Sogar etliche Journalisten, die traditionell eine sehr ökonomische und auf Verständlichkeit bedachte Ausdrucksweise pflegen, tendieren zu einem Deutsch, das sich mehr an einer Ideologie als an Prägnanz und Klarheit orientiert.

Sprache – ein Spiegel der Welt

Sprache ist das Produkt einer jahrhundertelangen Entwicklung, sie ist ein Spiegel der Gesellschaft und einem ständigen Wandel unterworfen. Eine veränderte soziale Wirklichkeit schlägt sich in veränderten Sprech- und Schreibgewohnheiten nieder. So bereichern technische Erfindungen die Sprache um entsprechende Bezeichnungen (wie etwa *Teilchenbeschleuniger, Differentialgetriebe* oder *Nacktscanner*). Veränderte gesellschaftliche Verhältnisse führen zu neuen Ausdrücken (wie etwa *Patchwork-Familie, Homo-Ehe* oder *Globalisierung*) und lassen andere verschwinden (wie etwa *Lebewohl, Gesinde* oder *Droschke*). Dasselbe gilt für sprachliche Umgangsformen (etwa bestimmte Floskeln in Briefen), die eine Hierarchie bzw. ein bestimmtes Verhältnis zwischen den Personen unterstreichen. Ganz langsam passen sich auch Stil und Grammatik veränderten Realitäten an. Dabei spielen fremdsprachliche Einflüsse ebenso eine Rolle wie der Wandel in der Wissenschafts-, der Werbe- oder der Jugendsprache sowie in den Kommunikationsbedürfnissen der Menschen.

Eine Veränderung in der Weltsicht, in den Themen und Prioritäten der Sprecher führt also zu einem natürlichen Sprachwandel. Entscheidend ist, dass die gesellschaftliche Entwicklung der sprachlichen Anpassung immer vorausgeht. Das, was sich sprachlich durchsetzt und vielleicht mit der Zeit zur neuen Norm wird, dient immer dazu, die veränderten Verhältnisse präziser zu beschrieben. So selbstverständlich heutzutage das *Handy* ist, so allgegenwärtig auch dessen Bezeichnung. Wer glaubt, mit einer Ganzkörper-Durchleuchtung die Flugsicherheit zu erhöhen, wird dies mit Argumenten tun und dabei vielleicht von modernen *Nacktscannern* sprechen. Wer moderne Familienverhältnisse und alternative Lebensformen beschreiben möchte, wird nicht umhin können, über *Patchwork-Familie* und *Homo-Ehe* zu sprechen. Wer heutzutage einem guten Bekannten eine SMS schreibt, wird aus Platz- und Zeitgründen womöglich auf die Anrede verzichten. Und wer sagt, *am Ende des Tages* werde man wissen, ob eine Maßnahme *Sinn mache*, hat nichts anderes getan, als feststehende englische Redewendungen („at the end of the day" bzw. „to make sense") ins Deutsche zu übersetzen. Erst nach einiger Zeit erscheinen uns solche Formulierungen vertraut und nur noch Sprachpuristen stoßen sich dann an den ursprünglich unpassenden bzw. fehlerhaften Formulierungen. Manche sprachlichen Neuschöpfungen werden allerdings von Stilforschern zu Recht kritisiert, und zwar immer aus demselben Grund: Dort, wo etwa ein fremdsprachlicher Ausdruck einen einheimischen und verbreiteten verdrängt, büßt die Sprache in der Regel ein Stück ihres Differenzierungsvermögens ein. Besonders lächerlich wirkt es, wenn pseudoenglische Wörter kreiert werden, die zwar englisch klingen, im Englischen aber gar nicht vorkommen. Berühmte Beispiele für solche Wortschöpfungen sind *Handy, Wellness, Oldtimer* oder *Beamer*. Ein Großteil des Sprachwandels kann aber gar nicht präzise erforscht werden, er passiert langsam und unscheinbar. Und erst wenn man eine 20 Jahre alte Zeitung in die Hand nimmt, merkt man, wie stark sich nicht nur die Themen, sondern auch die Sprache selbst gewandelt haben.

In all den Beispielen sind es die äußeren Umstände, welche die Sprache verändern. Niemals ist es umgekehrt. Dass verstärkt Anglizismen ins Deutsche Einzug halten, liegt an der Omnipräsenz der englischen Sprache. Kein Mensch käme auf die Idee, englische Redewendungen bewusst ins Deutsche zu übertragen, um die Bedeutung des Englischen als Weltsprache zu festigen. Dasselbe gilt für technische Erfindungen oder gesellschaftliche Phänomene. Sie alle müssen erst da sein, bevor sich eine Bezeichnung für sie etabliert. Ebenso verhält es sich übrigens mit der Sprache eines einzelnen Individuums. Wie ein Mensch spricht, richtet sich nach seinen Bedürfnissen. Das, was jemand auszudrücken beabsichtigt, prägt seinen Wortschatz und seine Grammatik. Wer sich mit abstrakten philosophischen Inhalten beschäftigt und bemüht ist, diese zu artikulieren, wird sich einer entsprechenden Sprache bedienen. Wer erzählend eine lebendige Stimmung erzeugen möchte, wird anders formulieren als jemand, der seine Gefühle möglichst klar mitzuteilen bemüht ist. Sprache wandelt sich also in einem langsamen evolutionären Prozess, er ist stets Ausdruck veränderter Lebensverhältnisse.

Ein vollkommen anderer Vorgang liegt vor, wenn mit Sprachvorschriften welcher Art auch immer versucht wird, eine bestimmte Weltanschauung zu transportieren. Denn Sprachvorschriften sind immer Denkvorschriften. Bei jeder Form staatlicher Sprachlenkung geht es um Gesellschaftsformung durch Bewusstseinssteuerung. Wo der Sprachwandel also von oben verordnet wird, ist die Freiheit des Denkens in Gefahr. „Denn es ist ein Unterschied, ob der Staat sich darum bemüht, Benachteiligungen mit gezielter Förderung zu beseitigen – oder ob er sich herausnimmt, neue Rollenbilder für die Menschen zu entwickeln und dabei schon Jugendliche in den Dienst eines sozialpädagogischen Projekts zu stellen, das auf einer zweifelhaften theoretischen Grundlage steht"[26], wie der Journalist René Pfister feststellt.

Das feministische Hauptargument für Eingriffe in die Sprache beruht auf der Feststellung, dass nicht nur das Denken die Sprache formt, sondern auch umgekehrt: die Sprache einer Gruppe in einer Epoche prägt Denken und Wahrnehmen ihrer Mitglieder. Das ist selbstverständlich und soll auch gar nicht bestritten werden. Vermutlich gibt es gar kein Bewusstsein, das nicht in irgendeiner Weise sprachlich ist. Meinen und Verstehen setzen Sprache voraus. Dabei erfüllt das, was man beim Spracherwerb im familiären Umfeld hört, eine wichtige Sozialisierungsfunktion. Deshalb gibt es in jeder Gesellschaft nicht nur große regionale Sprachunterschiede, sondern auch schichten- und bildungsspezifische. Und deshalb können viele kulturelle Gegensätze auch an der Unterschiedlichkeit der jeweiligen Sprache abgelesen werden. Sprache spiegelt die Mentalität und die Weltsicht ihrer Sprecher wider. Entscheidend aber ist: Die Sprache ändert sich niemals, *damit* Menschen etwas Bestimmtes denken, wie von Feministinnen gefordert. So wie sich in der Natur Lebewesen an ihre Umwelt

---

26) Pfister, René: *Der neue Mensch.* – In: Spiegel online, 30.12.2006, Online im Internet: http://www.spiegel.de/spiegel/a-457053.html

anpassen, so passen Menschen ihre Sprache den Bedürfnissen ihrer Kommunikation und das heißt ihres Lebens an. Dabei ist das, was mit den Wörtern, Redewendungen und grammatikalischen Zusammenhängen innerhalb einer Sprache ausgedrückt wird, das Ergebnis langer Entwicklungsprozesse. Wo die Unterscheidung von Farbnuancen eine große Rolle spielt, sind entsprechende Wörter geläufig. Wenn es in bestimmten Sprachen keine Zeitformen für Verben oder keine Zahlwörter gibt, dann deswegen, weil gewisse Kulturen solche Differenzierungen nicht gebraucht haben. Und bilinguale Personen wissen, dass es ihr Bewusstsein beeinflusst, welche Sprache sie gerade sprechen. „Ein Grundzug menschlicher Intelligenz ist ihre Anpassungsfähigkeit – die Gabe, Konzepte über die Welt zu erfinden und so abzuändern, dass sie zu wechselnden Zielen und Umgebungen passen. Eine Folge dieser Flexibilität ist die enorme Vielfalt der Sprachen. Jede enthält eine Art und Weise, die Welt wahrzunehmen, sie zu begreifen und mit Bedeutung zu füllen – ein unschätzbarer Reiseführer, den unsere Vorfahren entwickelt und verfeinert haben"[27], schreibt die Psychologin Lera Boroditsky.

Dass Meinen und Verstehen zwischen Menschen halbwegs funktionieren, beruht auf einem Konsens, der tief in die Geschichte einer Sprachgemeinschaft reicht, die meistens überdies durch andere gemeinsame Erfahrungen miteinander verbunden ist. Bedeutung und der auch oft nicht offensichtliche, sondern nur aus dem Stilempfinden des Einzelnen erspürbare Sinn einer Formulierung, einer Bemerkung, eines sprachlichen Bildes werden nicht auf dem Reißbrett linguistischer Forschung entworfen. Sie erwachsen aus der Geschichte, den Hoffnungen, Ängsten und Selbstverständlichkeiten eines Lebensraums, aus den Geschichten, die sich Freunde am Abend erzählen, aus den Predigten der Priester, den Weisheiten der Denker, den Schöpfungen der Dichter sowie aus den politischen und weltanschaulichen Kämpfen eines Volkes, nicht zuletzt aus der gemeinsamen Er-

27) Boroditsky, Lera: *Wie die Sprache das Denken formt.* – In: Spektrum der Wissenschaft, April 2012, S. 33, Online im Internet: http://www.spektrum. de/alias/linguistik/wie-die-sprache-das-denken-formt/1145804

innerung an Lieder und Kinderreime. Man bedenke auch, dass der Großteil des Gesprochenen – im Gegensatz zu einer weit verbreiteten Auffassung – keine Gedanken transportiert, sondern ausschließlich die soziale Funktion erfüllt, das Schweigen zwischen den Menschen auszufüllen: ob es sich um Grußfloskeln handelt, um „Erkundigungen nach dem gesundheitlichen Befinden, Bemerkungen über das Wetter, Bestätigungen eines auch für den Dümmsten offensichtlichen Sachverhalts, Berichte über Vorgänge ohne Belang"[28], im Vordergrund stehen selten Logik und Information, sondern der Wunsch nach zwischenmenschlichem Kontakt. Damit Sprache diese ihre ureigenste Funktion aber erfüllen kann, muss sie in einer Tradition wurzeln. Der Grund für das Scheitern sämtlicher Kunstsprachen – ob sie nun Esperanto, Unilingua oder Interglossa heißen – liegt nicht etwa darin, dass sie schlecht konstruiert sind. Ihre größte Schwäche ist vielmehr, dass sie überhaupt konstruiert sind, sie haben „keine Geschichte, sie bieten keine Kinderlieder, Abzählverse, Sprichwörter, Kneipenwitze und Flüche an, nichts also, um das Gemüt zu erwärmen oder zu entlasten"[29]. Diese Künstlichkeit ist es auch, die viele Menschen an den feministischen Vorschlägen abstößt.

Manchmal kommt es vor, dass einzelne besonders begabte Menschen sprachschöpferisch wirken und ihre Werke eine Breitenwirkung erlangen. Man denke etwa an die Bedeutung Martin Luthers für die deutsche Sprache. Seine Leistung hat nicht nur die Entwicklung der Literatur nachhaltig beeinflusst, sondern ebenso die Spiritualität breiter Schichten bereichert. Solches aber ist ein äußerst seltener Vorgang. Was eine Sprachgemeinschaft primär zusammenhält, das ist – bei allem Sprachwandel – die Stabilität von Wortschatz und Grammatik. Wolf Schneider meint: „Der Wortschatz des Raumfahrtzeitalters deckt sich zu neunzig Prozent mit dem der Postkutschen-Ära."[30] Sprache ist eben zutiefst konservativ.

---

28) Malinowski, Bronislaw, zit. nach Schneider, *Wörter machen Leute. Magie und Macht der Sprache,* München [16]2011, S. 218
29) ebda., S. 321
30) ebda., S. 209

Feministische Linguistik – ihre Ziele

Der moderne Feminismus hat sich das Ziel auf die Fahnen geheftet, die Unterschiede, die zwischen Frauen und Männern aufgrund biologischer Ungleichheit und gesellschaftlicher Traditionen vorherrschen, zu reduzieren und schließlich zu eliminieren. Diese Absicht mag man teilen oder nicht. Das Problematische an der derzeit so erfolgreichen feministischen Sprachkritik ist jedoch der propagandistische Versuch, das Bewusstsein der Menschen zu verändern. Darin erweist sich der sprachliche „Genderismus" als totalitärer Denkansatz. Er ignoriert das Sprachempfinden der allermeisten Sprecher und versucht, an dessen Stelle vollkommen künstliche Sprachkonstrukte zu setzen. Im Grunde handelt es sich um einen ähnlichen Vorgang, wie ihn George Orwell in seinem berühmten Roman *1984* beschrieben hat. Eine künstlich geschaffene Sprache soll die Kommunikation der Menschen im Sinne der herrschenden Doktrin steuern, die richtigen Ideen, Assoziationen und Gefühle begünstigen und gewisse Gedanken unmöglich machen. „Und das Schlimmste: Kaum jemand nimmt diese Bedrohung wirklich ernst. Der Wahnsinn hat Methode. Längst hat sich dieses Virus in unseren Köpfen festgesetzt"[31], schreibt Sabine Etzold in der ZEIT.

Aufgabe der Linguistik ist es zu beschreiben, wie Sprache aufgebaut ist, ihre Entwicklung nachzuzeichnen und Gesetzmäßigkeiten zu analysieren. Dass die sogenannte feministische Linguistik jedoch angefangen hat, Empfehlungen für ein neues Deutsch aufzustellen und mit großem Nachdruck gesamtgesellschaftlich umzusetzen, ist einer der großen Sündenfälle der Germanistik. Denn damit hat sie den Schritt von der rein wissenschaftlichen Analyse hin zum politischen Programm gesetzt. Wer aber ein weltanschauliches Ziel verfolgt, arbeitet nicht vorurteilsfrei, auf dessen Ergebnisse ist entsprechend wenig Verlass. Auch gehen viele Argumente – etwa die Behauptung, die Sprache transportiere und festige patriarchale Machtstrukturen – von grundsätz-

---

31) Etzold, Sabine: *Die Sprache wechselt ihr Geschlecht.* – In: Die Zeit, 5.4.1996

lich unbeweisbaren Setzungen aus. Solcherart fundierte Theorien sind aber nichts wert. Wissenschaft, die diesen Namen verdient, muss sich grundsätzlich der Wertung enthalten. Sie muss frei von politischen und weltanschaulichen Vorurteilen sein, sie darf nicht zum Ziel haben, einen bestimmten Lebensentwurf höher zu bewerten als einen anderen. Vielmehr hat sie die Aufgabe, Strukturen zu untersuchen und eine exakte Beschreibung ihres Gegenstandes zu liefern. Wo die Sprachwissenschaft hingegen versucht, Antworten auf die Fragen zu geben „Was ist wünschenswert?", „Was ist gerecht?" oder gar „Wie sollen wir sprechen?", wird sie zur Ideologie.

Jede Ideologie irrt darin, dass sie sich auf *einen* Aspekt fixiert und diesen als vermeintlichen Zauberstab zur Erklärung menschlichen Handelns missbraucht. So übertreibt der Marxismus in der Interpretation der sozialen Klasse, pervertierte der Nationalsozialismus den Rassebegriff, erkennt der Islamismus in der Religion die maßgebende Instanz des Lebens, erklärt die Psychoanalyse das Triebhaft-Unbewusste zum beherrschenden Kern des Menschen, negiert der Liberalismus verbindliche Wahrheit aus der einseitigen Betonung menschlichen Freiheitsstrebens heraus. In gleicher Weise dreht sich beim Feminismus alles um das biologische Geschlecht. Aus ideologischer Perspektive ist die treibende Kraft menschlichen Handelns niemals das individuelle Wollen und Werten. Vielmehr sind es Umstände, auf die der Mensch nur wenig Einfluss hat: die Zugehörigkeit zu einer Gruppe oder die psychische Beschaffenheit des Einzelnen.

Wer ein gesellschaftliches Anliegen verfolgt, sollte dies mit Argumenten tun. Argumente bilden die Grundlage der Auseinandersetzung, ihr Zweck besteht darin, andere zu überzeugen. Dazu gehört auch die Bereitschaft zu akzeptieren, dass andere Menschen abweichende Standpunkte haben. Das ist die Grundlage einer pluralistischen demokratischen Gesellschaft. Und es besteht die berechtigte Hoffnung, dass sich die besseren Argumente in den meisten Fällen früher oder später durchsetzen. Etwas völlig anderes ist es aber, ein fertiges Denkgebäude errichten zu wollen, dem sich alle Menschen anzupassen haben und in das

Kinder möglichst früh eingeführt werden. Dabei geht es nicht etwa darum, durch korrektes Argumentieren, durch intellektuelle Überzeugungsarbeit legitime Ansprüche zu erheben und die eine oder andere gesellschaftliche Veränderung herbeiführen zu wollen. Vielmehr soll richtiges Sprechen und Schreiben richtiges Denken zur Folge haben. Das ist die Methode jeder Ideologie. Und genau das ist die Idee hinter dem Konzept des sprachlichen „Gender Mainstreaming". In der Vergangenheit war es stets „ein Kennzeichen totalitärer Diktaturen, daß die Umwälzungen der Verhältnisse auch mit einer rigorosen Sprachnormierung einhergingen. Daher wäre es fatal, diese Bewegung mit einem Schmunzeln und einem Achselzucken einfach hinzunehmen, das Ganze als harmlose Sprachspielereien abzutun"[32], warnt der CDU-Politiker Jörg Schönbohm.

Wir müssen erkennen: Im Vordergrund steht nicht die Auseinandersetzung mit gesellschaftlichen Fragen wie der Rolle der Frau in Beruf, Familie, Öffentlichkeit, Politik, Kirche etc. Das alles sind ernste und zu Recht kontroversiell diskutierte Themen. Die Frage etwa, ob es gerecht ist, dass Frauen, die früher in Pension gehen und eine höhere Lebenserwartung besitzen, zu Recht geringere Pensionen ausbezahlt bekommen als Männer, muss man diskutieren. Dabei können die ausgetauschten Argumente klug, seriös, stichhaltig, polemisch oder kurzsichtig sein. Der „Genderismus" hingegen hält ein fertiges Konzept bereit, das in die Köpfe der Menschen gehämmert werden soll. Er unterstellt eine allgemeine Benachteiligung der Frau, die sich in der Sprache niederschlage. Diese wird als Herrschaftsinstrument verstanden, ihre Feminisierung daher als „Angriff auf bestehende Geschlechterhierarchien"[33] gesehen. Ein kontrollierter Sprachgebrauch soll die Gedanken der Menschen auf Frauenanliegen lenken. Erst dann – so die oftmals artikulierte Hoffnung vieler Feministinnen – könnten

32) Schönbohm, S. 35
33) Hellinger, Marlis: *Empfehlungen für einen geschlechtergerechten Sprachgebrauch im Deutschen.* – In: *Adam, Eva und die Sprache. Beiträge zur Geschlechterforschung*, Mannheim 2004, S. 283

erwünschte Veränderungen in der gesellschaftlichen Realität umgesetzt werden. Es geht also gerade nicht um die freie intellektuelle Auseinandersetzung, um den politischen Streit aufgeklärter Bürger, um Diskussion und Kritik, sondern um Indoktrination. Das muss – auch wenn es für viele hart klingt – in aller Deutlichkeit gesagt werden.

Um nicht missverstanden zu werden: Mir geht es nicht darum, von feministischer Seite vorgebrachte emanzipatorische Ansprüche zu kritisieren oder gar in Frage zu stellen. Manche von ihnen mögen ihre Berechtigung haben, andere sind womöglich übertrieben oder kurzsichtig. Mir geht es allein um die Kritik der Methode, die ich im Kern für undemokratisch und intellektuell unredlich halte. Denn es soll nicht primär das bessere Argument in einer konkreten Sachfrage entscheiden. Vielmehr geht es darum, die Gesellschaft als Ganzes in ihrem Denken umzuerziehen, indem Sprachvorschriften aufgestellt werden. Anders gesagt: Nicht die Lage der Menschen soll verändert werden, sondern der Mensch selbst. Entlarvend sind die Worte von Senta Trömel-Plötz, einer der Begründerinnen der feministischen Sprachkritik. Sie weiß, dass „wir etwas sehr Wesentliches ändern, wenn wir die Sprache ändern, nämlich wie die nächste Generation reden wird."[34] Dass sie ihre sexistische Gesinnung ungeniert äußern darf, ohne dabei an gesellschaftlicher Reputation zu verlieren, ist in Zeiten erhöhter Antidiskriminierungssensibilität verblüffend: „Im Idealfall", so die Feministin, „stelle ich mir vor, ist Frauensprache eine Art von Kommunikation unter Frauen, wo wir uns einander verbunden und miteinander verbunden fühlen, ohne uns lang zu kennen, ohne vorausgehende Prüfung der Charaktere, über Nationalität, Rasse, Alter und Klassen hinweg, weil wir zuallererst Frauen sind, bewußt uns als Frauen erleben mit demselben Anliegen, uns gegen unsere Unterdrückung zu wehren."[35] Im selben Absatz träumt sie von einer „Sondersprache, an der die

---

34) Trömel-Plötz, *Frauensprache: Sprache der Veränderung*. München 2006, S. 207
35) ebda., S. 144

Männer nicht teilhaben können"[36]. Man ersetze das Wort *Frau* durch *Deutscher* oder *Weißer* und lasse in der Aufzählung den entsprechenden Begriff weg. Oder man stelle sich einfach vor, ein Mann träumte auf diese Weise von einer Männersprache.

Feministische Linguistik – ihre Methoden

Feministische Sprachkritik fragt nie, ob ein bestimmter Sprecher – Mann oder Frau – sexistische oder sonst irgendwie diskriminierende Absichten hegt und sprachlich ausdrückt. Nein, die Sprache selber wird kurzerhand für männlichkeitszentriert und sexistisch erklärt. Daher sollen an die Stelle funktionierender sprachlicher Selbstverständlichkeiten – losgelöst von Geschichte und Tradition – neue, sogenannte geschlechtergerechte Ausdrücke, Redewendungen und Stilfiguren gesetzt werden, die meist eine Zumutung für Logik und Sprachästhetik darstellen. Erklärtes Ziel ist es, „Regelverletzungen zu erfinden und zur Regel zu machen."[37]

Dass die Durchsetzung solcher Vorschläge mittlerweile totalitäre Züge trägt, ist leicht ersichtlich. Allein die Tatsache, dass man sich den sprachlichen Gender-Vorgaben zu entziehen versucht, genügt, um in vielen öffentlichen Bereichen ungleich schlechtere Chancen zu haben, Gehör zu finden. So ist es heutzutage etwa unmöglich, die Approbation für ein Schulbuch zu erhalten, das nicht zuvor auf Geschlechtergerechtigkeit geprüft wurde. Eine Soziologiestudentin erzählte mir jüngst, nicht gegenderte Arbeiten würden von ihrer Professorin unabhängig von der inhaltlichen Qualität in der Beurteilung um einen Notengrad herabgesetzt werden. Der zumindest latent erhobene Diskriminierungsvorwurf spielt sich also nicht auf der Sachebene ab, richtet sich nicht gegen einen Gedanken oder ein Argument, sondern zielt auf eine falsch verwendete Sprache. Aus der Sprache soll auf die

---

36) ebda.
37) Pusch, Luise F.: *Alle Menschen werden Schwestern*, Frankfurt a.M. 1990, S. 16

Gesinnung des Sprechers oder Schreibers geschlossen werden. Und dabei geht es nicht um offen beleidigende Ausdrücke, sondern bloß darum, ob und inwieweit man den Feminisierungsansprüchen nachgibt oder nicht. Entlarvend ist eine Äußerung der Linguistin Marlis Hellinger: „Das Postulat der Neutralität von Sprache befreit das Individuum von jeder Verantwortung für verbale Diskriminierung.“[38] Das ist polemisch und falsch. Selbstverständlich ist es möglich, Menschen verbal zu diskriminieren: durch Beleidigungen und Herabsetzungen, durch Ironie und Ignoranz, durch den Tonfall des Gesprochenen und vieles andere mehr. Dafür ist jeder Einzelne selbst verantwortlich. Nur hat das alles nichts mit dem Sprachsystem zu tun. „Despektierliche Äußerungen, bei denen die Sprache ein durchaus unparteiliches Vehikel ist, werden immer wieder mit Diskriminierungen verwechselt, die in der Sprache selber begründet sind“[39], worauf Dieter E. Zimmer bereits vor vielen Jahren hingewiesen hat.

Hier vollzieht sich auf skrupellose Weise gegen den Willen der Mehrheit ein höchst undemokratischer Vorgang. Manche Glaubenskämpferinnen machen aus ihrer aggressiven Gesinnung auch keinen Hehl. Die Politologin Ute Scheub etwa sagte in einem Vortrag über das Binnen-I: „Deshalb bin ich für kreative Lösungen, für Sprachwitz, Ironie, weibliche List, Störmanöver, Irritationen. Die Zeit der Großideologien ist vorbei, die Zeit der feministischen Großstrategien womöglich auch. Jetzt geht's darum, im Versteck auszuharren, aus dem Hinterhalt zuzuschlagen, mit immer neuen Taktiken. Ich plädiere für Sprachguerilla [...]“[40] Ähnlich martialisch äußert sich auch Luise F. Pusch, eine der bekanntesten feministischen Sprachwissenschaftlerinnen,

---

38) Hellinger, Marlis: *Feministische Sprachpolitik und politische Korrektheit – der Diskurs der Verzerrung.* – In: GfdS, 2000, S. 7
39) Zimmer, Dieter E.: *Redens Arten. Über Trends und Tollheiten im neudeutschen Sprachgebrauch*, Zürich 1986, S. 65
40) Scheub, Ute: *Der lange Marsch des großen I durch die Institutionen.* Vortrag auf der Tagung „Sprachmächtig. 20 Jahre nach dem Binnen-I" der Friedrich-Ebert-Stiftung, 20.1.2003, Online im Internet: http://www.utescheub.de/blog/wp-content/uploads/2012/01/Spraechinnen.pdf, S. 5

indem sie von „der Ausdehnung weiblichen Terrains im allgemeinen Bewußtsein"[41] spricht.

Feministische Linguistik – ihre Wurzeln

Jeder, der sich heute für feministische Linguistik und gendersensible Sprachlenkungsbemühungen ausspricht, sollte die geistigen Ursprünge dieser Bewegung kennen, sollte wissen, dass sie nicht im Willen zur Erkenntnis, sondern im Wunsch zur Veränderung wurzelt; dass ihre Ziele „keiner sachlichen Notwendigkeit, sondern der krampfhaften Suche politischer Kreise nach Revolutionspotenzial"[42] entspringen; dass also nicht Wissenschaft, sondern Politik ihre treibende Kraft ist, ja dass es einigen prominenten Verfechterinnen des „Genderismus" um eine rein emotional motivierte Rache am männlichen Geschlecht geht.

Dabei reicht ein kurzer Blick in die einschlägige Literatur, um zu erkennen, wie irrational feministische Sprachkritik mitunter auftritt und wie wenig sie oft mit seriöser Wissenschaft zu tun hat. Stattdessen überwiegen „polemische Sarkasmen, die jede rationale, argumentative Begründung vermissen lassen"[43], wie die Linguistin Dagmar Lorenz betont. Wenn beispielsweise Luise F. Pusch – die immerhin einen universitären Lehrstuhl innehatte – in maßloser Übertreibung von einem durch die Sprache verursachten „Gynocid"[44] spricht; wenn sie sich für das „schöne lange

---

41) Pusch, *Alle Menschen werden Schwestern*, S. 40
42) Möcker, Hermann, zitiert nach: Grotte, Werner: *„Sie oder er ihn oder sie"* – In: Wiener Zeitung, 25.6.2009
43) Lorenz, Dagmar: *Die neue Frauensprache. Über die sprachliche Apartheid der Geschlechter.* – In: Muttersprache. Zeitschrift zur Pflege und Erforschung der deutschen Sprache, Heft 3, Sept. 1991. Hg.: Gesellschaft für deutsche Sprache, Online im Internet: http://web.archive.org/web/20110520035624/ http://www.ulrichdevries.de/frauensprache.html
44) Pusch, Luise F.: *Der Mensch ist ein Gewohnheitstier, doch weiter kommt man ohne ihr. Eine Antwort auf Kalverkämpers Kritik an Trömel-Plötz' Artikel über „Linguistik und Frauensprache"* – In: Linguistische Bericht 63 (1979) [Wiederabdruck in: In: Sieburg, Heinz (Hg.): *Sprache – Genus/Sexus,*

Femininum"[45] begeistert und es gegen das „kurze, quasi abgehackte Maskulinum"[46] ausspielen will, das sie als „Schwundform, auch Schrumpf-, reduzierte oder Kümmerform"[47] bezeichnet; wenn sie hasserfüllt dem Mann „eine ‚Abmagerungskur' zur Therapie seines immer gefährlicher werdenden Größenwahns"[48] verpassen will und von „sprachtherapeutischen Maßnahmen"[49] spricht, die man Männern angedeihen lassen müsse, um die „Totale Feminisierung" zu erreichen; wenn sie ferner meint, „das Femininum sei echt zu schade, um damit ‚Schwanzträger' zu bezeichnen"[50], und mit geradezu sadistischer Lust schwärmt, es werde „ihm [dem Mann] guttun, es im eigenen Gemüt zu erleben, wie es sich anfühlt, *mitgemeint* zu sein, sprachlich dem anderen Geschlecht zugezählt zu werden, diesen ständigen Identitätsverlust hinzunehmen"[51], dann hat sie ihre Reputation als Wissenschaftlerin verspielt und müsste sich eigentlich in der Diskussion disqualifiziert haben. Dennoch gilt Pusch als eine der angesehen Mitbegründerinnen ihrer Linguistik-Fraktion. Ihre Bücher erreichen hohe Auflagen und viele der sprachlichen Unarten, die wir heutzutage über uns ergehen lassen müssen, gehen auf ihr Wirken und ihre Reformvorschläge zurück. Glücklicherweise lässt sie uns über ihre Motive nicht im Unklaren, sondern äußert unverblümt: „Ich meine also, wir müssen so konsequent und radikal sein, daß wir mit unserer Sprachpolitik nicht nur – wie bisher – den Männern auf die Nerven gehen, sondern ihren Nerv treffen."[52] Wer davon überzeugt ist, dass es von alters her eine Verschwörung der Männer gegen das schwache Geschlecht gibt, der wird für sachliche Argumente wenig

---

Frankfurt a.M. 1997], S. 288
45) Pusch, *Alle Menschen werden Schwestern*, S. 97
46) ebda.
47) ebda.
48) ebda., S. 100
49) ebda.
50) ebda., S. 95
51) ebda., S. 100
52) ebda., S. 96

offen sein. Mit Glaubenskämpfern kann man nicht diskutieren. Der als Sprachpapst Deutschlands gefeierte Journalist Wolf Schneider meinte kürzlich zu Recht: „Da hat eine Minderheit von kämpferischen Feministinnen der deutschen Sprache eine Verunstaltung aufgezwungen, die die Mehrheit gar nicht wollte. Aber es ist nicht durchzuziehen: Es gibt den Sündenbock, aber nicht die Sündenziege!"[53]

Die Schweigespirale

Ich habe mit vielen Menschen über dieses Thema gesprochen, auch solchen, die professionell mit Sprache zu tun haben. Viele von ihnen waren erfolgreiche, emanzipierte Frauen. Ich habe sie gefragt, was sie von dem Konzept des sprachlichen „Genderns" halten und meine Einwände vorgetragen. Die meisten haben mir gesagt: Du hast ja Recht mit deinen Argumenten, ich weiß auch, dass die Vorschläge der Logik oft zuwiderlaufen und sie ohnehin niemand ernsthaft durchhalten kann, schon gar nicht in der gesprochenen Sprache. Aber ich traue mich nicht, auf das Gendern zu verzichten, weil ich weiß, dass es alle tun und es von mir erwartet wird. Das ist ein Paradebeispiel dafür, wie durch ungeschriebene Normen Konformitätsdruck gegen die eigene Überzeugung entsteht. Immer mehr Menschen – Lehrer, Professoren, Journalisten, Politiker, Firmenchefs, Werbetexter – sie alle unterwerfen sich dieser Form der Unfreiheit, um nicht aufzufallen und beruflich erfolgreich zu sein. Die Adressaten ihrer Bemühungen scheinen ihnen dabei herzlich egal zu sein. Denn was hat man davon, wenn ein Text zwar nach den Kriterien der feministischen Sprachkritik als „geschlechtergerecht" eingestuft werden kann, er aber für die meisten schlicht unlesbar wird?

Elisabeth Noelle-Neumann hat dieses Verhalten mit dem Bild einer Schweigespirale beschrieben, die „eine Meinung immer

---

53) Zitiert nach: Purger, Alexander: *,Die Zeitung ist so wichtig wie noch nie'* – In: Salzburger Nachrichten, 7.12.2012

fester und fester als herrschende Meinung etabliert"[54], unabhängig von ihrem Wahrheitsgehalt. „Bei zwei verschiedenen Meinungsfraktionen", so die Kommunikationswissenschaftlerin, „hat diejenige die Zukunft für sich, die eine stärkere Bereitwilligkeit zur Meinungsäußerung zeigt. Eine Minderheit, die von ihrer zukünftigen Vorherrschaft überzeugt und daher bereit ist, sich zu exponieren, besitzt eine große Wahrscheinlichkeit, zur herrschenden Meinung zu werden. […] Ihr gegenüber zeigt eine Mehrheit, die zweifelt, ob sich ihr Standpunkt in Zukunft behaupten wird, eine abnehmende Tendenz, sich zu äußern."[55] Diese Schweigespirale zu durchbrechen ist eines der Anliegen dieses Buches.

Freilich stehen die Chancen schlecht. Denn: „Wichtiger als das eigene Urteil ist den Individuen, sich nicht zu isolieren."[56] Das erinnert an Hans-Christian Andersens Märchen *Des Kaisers neue Kleider*. Auch dort wagen es die Menschen nicht, das Offensichtliche auszusprechen, aus Angst sich zu blamieren. Die Drohung, mit einer Meinung allein dazustehen, lässt Menschen wider ihre Einsichten handeln. Psychologische Untersuchungen zum Gruppendruck förderten bereits in den 50er Jahren des vergangenen Jahrhunderts Ernüchterndes zutage: Wenn eine deutliche Mehrheit innerhalb einer Gruppe etwas behauptet, schließen sich die meisten Menschen der Mehrheitsmeinung an, obwohl diese Meinung offensichtlich falsch ist. So ließ man beispielsweise Probanden abschätzen, welcher von mehreren Stiften der längste ist. Obwohl ein Objekt klar heraitstach, entschieden sich viele für die falsche Antwort, nachdem sie erlebt hatten, dass eine große Zahl (vorher instruierter) Personen vor ihnen es ebenso tat. Sie konnten einfach nicht glauben, dass all die anderen irren und nur sie selber Recht haben, obwohl ihre Sinne ihnen genau dies nahelegten.

---

54) Noelle-Neumann, Elisabeth: *Öffentlichkeit als Bedrohung*, München 1977, S. 173
55) ebda.
56) ebda., S. 172

Ausblick

Ich möchte im Folgenden zeigen, welche Vorschläge zur Umgestaltung der deutschen Sprache seitens der feministischen Linguistik gemacht wurden und welche sich bereits in Teilbereichen durchgesetzt haben. Ich werde dabei den Nachweis führen, dass praktisch sämtliche Ansätze nicht nur in sich widersprüchlich sind und sehr schnell an die Grenzen von Logik, Praktikabilität und Akzeptanz stoßen, sondern auch auf einem fundamentalen sprachwissenschaftlichen Irrtum beruhen. Außerdem werde ich die möglichen Folgen skizzieren, die zu erwarten sind, wenn der beschriebene Eingriff in die Struktur der deutschen Sprache mit der derzeitigen Vehemenz weitergetrieben wird. Wie erfolgreich die feministische Umpolung der deutschen Sprache voranschreitet, ersieht man etwa daran, dass der Duden-Verlag seit einigen Jahren Wörter in seinen Bestand aufnimmt, die reine Konstrukte der feministischen Linguistik sind. Statt über die Korrektheit der Sprache auf der Grundlage sprachgeschichtlicher Erkenntnisse und grammatikalischer Prinzipien zu wachen, werden Neuschöpfungen, wie etwa *frau*, *ihrerzeit* oder *Vorständin* aufgegriffen und als Teil der deutschen Sprache akzeptiert. Noch im vergangenen Jahr hat der Duden-Verlag in einer Stellungnahme zwar festgehalten, dass es zu den Prinzipien der deutschen Orthographie gehört, Großbuchstaben ausschließlich an den Anfang eines Wortes setzen zu dürfen. Dennoch kann man davon ausgehen, dass es nur eine Frage der Zeit ist, bis sich auch der Duden dem Zeitgeist beugt und das sogenannte Binnen-I nicht mehr als Verstoß gegen die Rechtschreibung ansieht – denn „wenn etwas nur lange genug unkorrekt gebraucht wird, ist unsere große Hure Duden zur Stelle und kassiert es als korrekt."[57]

---

57) Sack, Manfred: *Trotzdessen trotz dem.* – In: Die Zeit, 31.5.1985

2. Der Irrtum

„... eine Argumentation [...], die überwiegend im 18. und 19. Jahrhundert entwickelt worden ist, und zwar vor einem Hintergrund, der alles andere als frauenfreundlich war – eine Argumentation, die zur Sexualisierung der Grammatik in einem bis dahin nicht dagewesenen Ausmaß geführt hatte."

Elisabeth Leiss, Sprachwissenschaftlerin

Genus ≠ Sexus

Der Kern feministischer Sprachkritik und in ihrem Gefolge der Großteil des grassierenden Genderwahns beruhen auf einem fundamentalen Irrtum: der Gleichsetzung von Genus und Sexus. Wer erkennt, dass zwischen dem grammatischen und dem biologischen Geschlecht keine Kongruenz herrscht, kann sich und seiner Umwelt all die sprachlichen Verrenkungen, die Paarformen und Binnen-Is, die Schrägstrichansammlungen und syntaktischen Zumutungen ersparen.

Die feministische Linguistik – die ja bloß einen kleinen Teil der Sprachwissenschaft repräsentiert – geht von der Annahme einer sprachlichen Benachteiligung der Frauen aus. Dabei stehen zwei Argumente im Vordergrund. Behauptet wird erstens, das Genus gebe bei Personenbezeichnungen den Sexus der bezeichneten Person wieder, so dass zwischen beiden eine Übereinstimmung herrsche. Dadurch rücke das im Deutschen sehr verbreitete sogenannte generische Maskulinum – also die geschlechtsunabhängige, neutrale Bezeichnung einer Person durch ein Maskulinum – Frauen angeblich in den Hintergrund. Nach Ansicht dieser so wirkungsmächtigen Bewegung bezeichnen Wörter wie *Lehrer, Student, Analphabet, Bürger, Auftraggeber, Stellenbewerber* oder *Kunde* ausschließlich Männer. Das generische Maskulinum wird daher abgelehnt. Die meisten Feministinnen fordern stattdessen einen neuartigen, den Sexus besonders betonenden Sprachgebrauch. Es müsse – so die Devise

– explizit kenntlich gemacht werden, wenn auch von Frauen die Rede sein soll. An jeder möglichen Stelle soll auf beide biologischen Geschlechter Bezug genommen werden. Dazu hat man sich zahlreiche Vorschläge ausgedacht, die in Kapitel 3 ausführlich beleuchtet werden.

Das zweite Argument bedient sich der Psychologie. Da die Gleichsetzung von Genus und Sexus in Wirklichkeit sprachwissenschaftlich unhaltbar ist, wird behauptet, durch die Verwendung des generischen Maskulinums assoziierten die Sprecher und Hörer in vielen Situationen in höherem Maße männliche Personen als weibliche, was als diskriminierend empfunden wird. Mit sogenannten psycholinguistischen Untersuchungen soll dies belegt werden. Näheres dazu in Kapitel 5. Abgesehen davon, dass die Sprache niemanden herauf- oder herabsetzen kann – nur die Sprecher selber können andere beleidigen oder wertschätzen –, Faktum ist: Die Behauptung, die deutsche Sprache mache die Frauen unsichtbar und setze sie dadurch in ihrem Wert herab, ist bei näherer Betrachtung schlichtweg falsch.

Zunächst einmal muss Klarheit über die Begriffe herrschen. Unter dem lateinischen Wort „Genus" versteht man so viel wie Art, Klasse, Gattung. Die deutsche Übersetzung mit „Geschlecht" ist für heutige Ohren irreführend, da das Wort Geschlecht im Allgemeinen biologische Merkmale bezeichnet, nämlich den Sexus einer Person oder eines Tieres. Doch das war nicht immer so. Ursprünglich bedeutete Geschlecht ganz ähnlich wie Genus so viel wie Art und Abstammung, jedenfalls nicht Sexus. Beide Begriffe sollten daher klar unterschieden werden, wobei statt von Genus und Sexus häufig auch von „grammatischem" und „biologischem Geschlecht" die Rede ist.

Wie viele andere germanische und sämtliche slawische Sprachen, aber etwa auch Griechisch und Latein verfügt das Deutsche über drei Genera, welche die Hauptwörter klassifizieren: Maskulinum, Femininum, Neutrum. Diese Dreigliederung ist schon in den indoeuropäischen Wurzeln nachweisbar und hat sich seit mehr als 5000 Jahren erhalten. Andere Sprachen kommen mit bloß zwei Genera aus (wie die meisten romanischen

Sprachen, aber ebenso Arabisch und Hebräisch) oder haben überhaupt kein Nominal-Genus-System (wie Englisch, Türkisch, Finnisch oder Japanisch). Demgegenüber existieren bekanntlich nur zwei biologische Kategorien: männlich und weiblich. Schon diese sehr einfache Tatsache macht deutlich, dass zwischen Genus und Sexus keine Kongruenz herrschen kann. Dieser Meinung schließt sich der Großteil der Sprachwissenschaftler an: „Genus ist ein sprachliches Faktum, eine grammatische Eigenschaft von Substantiven, und zwar gleichgültig, ob sie Lebewesen oder Unbelebtes bezeichnen. Sexus ist eine biologische Eigenschaft von bestimmten Lebewesen"[58], stellt Miorita Ulrich fest. Und sie fährt fort: „Genus und Sexus müssen streng auseinandergehalten werden."[59] Der Linguist Jochen Bär argumentiert in dieselbe Richtung: „Dass das Maskulinum ursprünglich nichts mit dem männlichen Sexus zu tun hatte", erkenne man daran, „dass dort, wo der Aspekt des Geschlechts keine Rolle spielt, generische Maskulina, nicht generische Feminina verwendet werden: *Der einzige Verwandte, den er noch hat, ist eine Schwester* ist richtig, trotz der fehlenden Kongruenz"[60]. Seine Schlussfolgerung: „Genus und Sexus haben ursprünglich wohl nichts miteinander zu tun."[61]

Wie die Wörter zu ihren Artikeln kamen, ist völlig unbekannt. Die jeweilige Wortbedeutung spielte dabei mit Sicherheit keine Rolle, schon gar nicht Vorstellungen von Männlichkeit oder Weiblichkeit. Der *Käse* hat genauso wenig Männliches an sich wie die *Wurst* Weibliches, und ein *Säugetier* ist nie geschlechtslos. Wie unsinnig die Behauptung einer engen Beziehung zwischen Genus und Sexus ist, wird zusätzlich deutlich, wenn man

---

58) Ulrich, Miorita: *‚Neutrale' Männer – ‚markierte' Frauen. Feminismus und Sprachwissenschaft.* – In: *Sprache – Genus / Sexus,* Frankfurt am Main 1997, S. 310
59) ebda., S. 321
60) Bär, Jochen: *Frauen und Sprachsystem: lexikalische und grammatische Aspekte.* – In: *Adam, Eva und die Sprache. Beiträge zur Geschlechterforschung,* Mannheim 2004, S. 170
61) ebda., S. 171

verschiedene Sprachen miteinander vergleicht. Nicht einmal die ältesten Wörter, welche die elementarsten Phänomene der Natur beschreiben, besitzen dieselben Artikel. Die *Sonne* (fem.) heißt auf Französisch *soleil* (mask.) und auf Kroatisch *sunce* (neutr.). Die Genera sind verschieden, obwohl alle drei Wörter etymologisch denselben indogermanischen Ursprung aufweisen. Das deutsche Wort *Himmel* (mask.) steht dem lateinischen *caelum* (neutr.) und dem Tschechischen *obloha* (fem.) gegenüber, der *Mond* (mask.) ist um nichts männlicher als die spanische *luna* (fem.). Hinzu kommt, dass sich die Genera im Laufe des Sprachwandels verändert haben: „Die Bezeichnungen der Obstbäume waren zum Beispiel Feminina im Lateinischen. Sie sind aber zum Maskulinum übergegangen im Italienischen, Französischen und Rumänischen."[62]

Diese Erkenntnis wurde bereits Ende des 19. Jahrhunderts von dem bedeutenden Sprachwissenschaftler Karl Brugmann formuliert, der sich gegen damals populäre, vor allem von Jacob Grimm favorisierte Versuche wandte, das grammatische Geschlecht aus dem natürlichen abzuleiten. „Halten wir uns an die klar vorliegenden Thatsachen der Gegenwart und der jüngern Vergangenheit der indogermanischen Sprachen, so muß behauptet werden, daß Maskulinum und Femininum als grammatische Geschlechter für die Sprache des gewöhnlichen Lebens eine nichtssagende Form sind, daß die Vorstellung der Männlichkeit oder die der Weiblichkeit durch sie weder im eigentlichen noch auch im bildlichen Sinne angeregt wird."[63] Die Behauptung, man habe in grauer Vorzeit „das, was den Eindruck des größern, kräftigern thätigern gemacht habe, als männlich, was dagegen den des kleinern, weichern, zartern, stillern gemacht habe, als weiblich gefaßt"[64] und so die Ge-

---

62) Ulrich, S. 310

63) Brugmann, Karl: *Das Nominalgeschlecht in den indogermanischen Sprachen.* (Nachdruck aus Techmers Internationaler Zeitschrift für allgemeine Sprachwissenschaft 4 (1889), S. 100-109) – In: Sieburg, Heinz (Hg.): *Sprache – Genus/Sexus*, Frankfurt a.M. 1997, S. 33

64) ebda., S. 33

nera ausdifferenziert, wies Brugmann „als unglaubwürdiges Axiom"[65] zurück.

Geht man von der bloßen Anzahl aus, überwiegen im Deutschen die Feminina. Diese quantitative Dominanz wird noch größer, wenn man die unzähligen Ableitungen hinzunimmt. Denn die Suffixe „-e" (*Pfeife, Suche*), „-ei" (*Wäscherei, Brauerei*), „-heit", „-keit" und „-igkeit" (*Menschheit, Tapferkeit, Süßigkeit*), „-nis" (*Wildnis, Erkenntnis*), „-schaft" (*Eigenschaft, Bekanntschaft*) und „-ung" (*Bindung, Überraschung*) bilden allesamt Feminina. Die Gründe für diese Phänomene liegen im Dunkeln. Trotz vereinzelter theoretischer Ansätze konnte die Linguistik eine wissenschaftlich überzeugende Erklärung für die Entstehung der Genera bis heute nicht liefern. Wahrscheinlich handelt es sich um rein zufällige Entwicklungen, die vor Hunderten von Generationen stattfanden, in einer frühen Zeit der Menschwerdung, als unsere Ahnen die anfangs bloß spielerisch geäußerten Silben mit Bedeutung füllten und so den allmählichen Übergang von einem unpräzisen Murmeln, Lallen, Summen zu einer immer differenzierteren und klarer artikulierenden Sprache vollzogen.

Personenbezeichnungen

Viele werden nun einwenden: Aber bei Wörtern für Menschen gäbe es doch eine Übereinstimmung zwischen Genus und Sexus: der *Vater* (mask.) ist männlich, während die *Mutter* (fem.) unzweifelhaft weiblich ist. Doch selbst wenn man sich auf Personenbezeichnungen beschränkt, sieht die Sache bei näherer Betrachtung nicht viel anders aus.

Zunächst einmal fällt auf: Es existiert eine Vielzahl an Wörtern, die im Maskulinum stehen, jedoch unzweifelhaft keine Zuordnung zu einem der beiden biologischen Geschlechter erlauben. Während etwa unter einem *Jüngling* eindeutig ein jun-

---

65) ebda., S. 43

ger Mann verstanden wird, kann das Wort *Flüchtling* eine Frau oder einen Mann bezeichnen. Gleiches gilt für andere Wortbildungen auf „-ling": *Schädling, Emporkömmling, Eindringling, Zögling, Liebling, Lehrling.*

Dass dies ebenso für das Wort *Mensch* gilt, bezweifelt niemand. Auch wer *Gäste* einlädt, erwartet meistens eine Gruppe, die aus männlichen und weiblichen Personen besteht. Dasselbe gilt für viele andere Ausdrücke: *Bösewicht, Champion, Krüppel, Leichnam, Nichtsnutz, Nazi*[66], *Protegé.* Alle diese Wörter stehen im Maskulinum, sie lassen sich nicht gendern, es existiert kein feminines Pendant, und auch die überzeugteste Feministin wird zugeben müssen, dass sie allesamt trotz ihres Maskulinums neutral sind in Bezug auf das biologische Geschlecht. Auch an dem Satz *Die zwei Schwestern waren sehr nette Gäste* werden wohl die wenigsten Anstoß nehmen, obwohl das Wort *Gästin* seit dem Althochdeutschen belegt ist.[67] Trotz einer heutzutage exzessiven Verwendung movierter Formen ist es dennoch mittlerweile so gut wie ausgestorben.

Es gibt zahlreiche Personenbezeichnungen, die auf alten, z.T. verblassten Metaphern beruhen. Auch sie stehen häufig im Maskulinum, können jedoch Personen beiderlei Geschlechts meinen, und das bereits seit Jahrhunderten, man denke an Wörter wie *Schatz* (15. Jh.)*, Wendehals* (16. Jh.), *Dummkopf* (18. Jh.), *Spaßvogel* (18. Jh.), *Geizkragen* (19. Jh.). In der Fachsprache werden solche Begriffe lexikalisierte Metaphern genannt; sie sind fester Bestandteil des allgemeinen Wortschatzes und müssen vom Leser oder vom Sprecher nicht mehr gedeutet werden.

In der Umgangssprache findet sich eine Vielzahl von Redewendungen, bei denen Maskulina ebenso Frauen meinen können wie Männer. Wenn eine Skirennläuferin trotz einer Verletzung am Wettkampf teilnimmt, wird man sie womöglich als

---

66) Dass das Wort *Nazi* eine Abkürzung für Nationalsozialist ist, stellt keinen Widerspruch dar. Der Satz: „Sie ist ein gefährlicher Neonazi" wird als korrekt empfunden.

67) Der Duden verzeichnet *Gästin* zwar noch, im Österreichischen Wörterbuch ist es nicht zu finden.

einen *harten Knochen* bezeichnen. Für Freunde ist sie vielleicht ein *netter Kerl* und ein richtiger *Kumpel* und manche schätzen an ihr womöglich, dass sie ein *Freigeist* ist. Auch bei Fremd- und Lehnwörtern käme in sehr vielen Fällen niemand auf die Idee, das Maskulinum bezeichne ausschließlich Männer, zumal weibliche Formen oft gar nicht existieren: Eine Popsängerin kann auch dann ein *Star* und ein kesser *Typ* sein und viele *Fans* haben, wenn sie schon ein *Oldie* ist. Dafür muss sie aber ein *Workaholic* und ein *Profi* im Businessgeschäft sein. Sie kann sich glücklich schätzen, wenn ihre Partnerin nicht nur ein *Computerfreak*, sondern auch ein guter *Coach* und großzügiger *Financier* ist.

Umgekehrt gibt es etliche Ausdrücke, die im Femininum stehen, jedoch zweifellos geschlechtsneutrale Bezeichnungen für Menschen darstellen: *Autorität, Geisel, Person, Koryphäe, Führungskraft, Kapazität, Fachkraft, Missgeburt, Persönlichkeit, Leiche, Seele, Wache.* Auch wenn man sagt, auf der Bühne sei zunächst eine große *Gestalt* erschienen, welche später eine gute *Figur* gemacht habe, dann kann ein Mann ebenso gemeint sein wie eine Frau. Ähnliches gilt – in zahlenmäßig beschränkterer Form – für das Neutrum. Die Physikerin Marie Curie war schon als *Kind* ein *Genie*, sie war *Mitglied* verschiedener wissenschaftlicher Gesellschaften und wurde später ein *Opfer* der radioaktiven Strahlung. Manche würden sagen, sie war einfach ein *Ass*. Zweifellos war sie ein faszinierendes *Individuum*, aber mit Sicherheit nicht sächlich. Das altgermanische Substantiv *Weib* (neutr.) war bis ins 19. Jahrhundert hinein die normale Bezeichnung für eine Frau. Im deutschen Wort *weiblich* und im Englischen *wife* hat sich diese nicht abwertende Bedeutung erhalten, während *Weib* zu einem verächtlichen Ausdruck geworden ist. Auch Wörter wie *Mannequin* und *Luder* sind zwar sächlich, bezeichnen aber ohne Ausnahme Frauen. Die Bezeichnung *Backfisch* für einen weiblichen Teenager steht sogar im Maskulinum.

Interessant ist auch ein Blick auf die Diminutiva. Sie stehen im Deutschen – auch wenn sie Personen bezeichnen, deren biologisches Geschlecht eindeutig ist – ausnahmslos im Neutrum. Der nette Onkel, der liebevoll *Onkelchen* genannt wird, verliert seine

Männlichkeit wohl genauso wenig wie der Schwester durch die Anrede *Schwesterlein* ihre Weiblichkeit streitig gemacht wird. Beim Wort *Mädchen* – abgeleitet von Magd bzw. Maid –, das seit dem 17. Jh. bezeugt ist, blieb das Neutrum erhalten, obwohl es gar nicht mehr als Verkleinerungsform empfunden wird. Nicht einmal in vier Jahrhunderten führte der Sprachwandel zu einer Anpassung des Genus an den Sexus.

Freilich gibt es Wortpaare, wo biologisches und grammatisches Geschlecht übereinstimmen: *Mann-Frau, Vater-Mutter, Onkel-Tante, Bruder-Schwester.* Entgegen der landläufigen Annahme trifft dies jedoch auf verhältnismäßig wenige Wörter zu. Es handelt sich dabei hauptsächlich um Ausdrücke, die Familienbeziehungen angeben.

Schon nach dem bislang Gesagten ist unübersehbar: Die deutsche Grammatik ist in der Wahl des Genus weitgehend willkürlich, oft sogar unverblümt unlogisch. So steht *das Schiff* zwar in Neutrum, es erfährt aber unverzüglich eine grammatikalische Geschlechtsumwandlung, sobald es getauft wird. Peter Bamm schreibt in seinen autobiographischen Betrachtungen, wie er als junger Schiffsarzt in Hamburg auf der Suche nach dem ‚Hindenburg' war, woraufhin man ihm erklärte, „die ‚Hindenburg' liege am Schuppen 13. So erfuhr ich"[68], erzählt Bamm, „daß sogar ein Generalfeldmarschall gelegentlich ein Femininum sein kann. Freilich, warum Schiffe weiblich sind, habe ich nie herausfinden können."[69] Kein Wunder, gibt es darauf auch keine Antwort. Eine eindeutige Zuordnung zwischen Genus und Sexus ist unmöglich. Es handelt sich um zwei voneinander unabhängige Kategorien, die nicht gleichgesetzt werden dürfen. Trotzdem dient ausgerechnet deren Gleichsetzung als Kardinalargument der feministischen Sprachkritik, auf dem fast sämtliche Forderungen nach einer gegenderten Sprache fußen.

---

68) Bamm, Peter: *Eines Menschen Zeit*, München 1974, S. 50
69) ebda.

Tücken der Wortbildung

Die Auseinandersetzung zwischen traditioneller Grammatik und feministischer Kritik kann nur verstehen, wer sich über die zwei Grundprinzipien der Wortbildung im Klaren ist: die Komposition und die Derivation. Bei der Komposition werden meist zwei Wörter zusammengefügt, wobei ein neuer Ausdruck mit eigener Bedeutung entsteht: *Ölpest, nasskalt, Holzhaus, übelriechend.* Bei der Derivation werden Vorsilben (Präfixe) oder Nachsilben (Suffixe) an vorhandene Wörter angehängt. Die dabei entstehende Vielfalt ist enorm: *ablaufen, anlaufen, auflaufen, auslaufen, belaufen, einlaufen, entlaufen, loslaufen, nachlaufen, verlaufen, vorauslaufen, zerlaufen, zulaufen.* Ähnlich vielseitig sind die Suffixe, wenn auch die Wortbildungsregeln etwas strenger sind: *mach-bar, gold-en, drei-fach, bild-haft, schmutz-ig, kind-isch, schrift-lich, fleisch-los, vorschrifts-mäßig, bieg-sam.*

Eines der produktivsten Suffixe, das bei der Wortbildung des Substantivs eine besondere Rolle spielt, ist die Silbe „-er". An Wortstämme angehängt bildet sie ausschließlich Maskulina. Diese können Gegenstände (*Schalter, Hosenträger, Aufkleber*) bezeichnen oder Personen (*Kritiker, Lackierer, Spanier*), manchmal beides zugleich (*Drucker, Schreiber, Verteiler*). Entgegen dem Sprachempfinden der allermeisten Menschen wird von feministischer Seite die Behauptung aufgestellt, die so gebildeten Personenbezeichnungen bezögen sich bloß auf Männer. In gemilderter Form lautet der Vorwurf, in diesen Begriffen seien Frauen allenfalls mitgemeint, was angeblich als diskriminierend empfunden werde.

Dieser Gedanke ist deshalb so verlockend, weil sich von praktisch allen auf „-er" abgeleiteten Personenbezeichnungen eine feminine Form bilden lässt, wobei sich eine scheinbare Opposition männlich-weiblich im Sinne des Sexus ergibt: *Fahrer-Fahrerin, Händler-Händlerin, Türsteher-Türsteherin* etc. Dennoch ist die Annahme irrig. Die Beispiele bilden keine symmetrischen Gegensätze. Weder im allgemeinen Sprachgebrauch noch in der Wissenschaft bestand jemals ein Zweifel darüber, dass Ableitungen auf „-er", wo sie Personen bezeichnen, die Tätigkeit (*Leser, Träumer*), den Beruf (*Lehrer, Musiker*), eine Gewohnheit (*Raucher, Schlemmer*), ein persönliches Merkmal (*Bürger, Lügner*) oder die Herkunft (*Schweizer, Sizilianer*) in den Vordergrund rücken und nicht das Geschlecht. Dasselbe gilt auch für sämtliche maskuline Personenbezeichnungen, die zwar nicht auf „-er" abgleitet wurden, aber problemlos zu einer weiblichen Form erweitert werden können, etwa *Freund, Poet, Autor, Koch, Arzt, Friseur, Kandidat, Student, Christ.*

In Wirklichkeit stellt die maskuline Form – ob sie nun durch Ableitung entsteht oder nicht – in der Regel eine neutrale, vom Geschlecht der betreffenden Person absehende Bezeichnung dar. Während es sich bei einer *Schülerin* mit Sicherheit um ein Mädchen oder eine Frau handelt, bezeichnet das Wort *Schüler* nur in einem allgemeinen Sinne eine Person, die einen Unterricht besucht; ein eindeutiger Rückschluss auf das biologische Geschlecht ist nicht möglich. Die Linguistin Dagmar Lorenz betont in Bezug auf das Wort *Wähler*: „bedeutsam ist eben nicht die jeweilige biologisch-geschlechtliche Beschaffenheit des Betreffenden, sondern das Recht, durch Wahlentscheid die öffentlichen Angelegenheiten zu beeinflussen."[70] Von dieser Tatsache können wir uns auch durch einen Blick aufs Englische überzeugen. Dort existiert die Möglichkeit der Movierung nämlich nicht, so dass beispielsweise *teacher* männliche und weibliche Lehrer gleichermaßen bezeichnet. Das Suffix „-er" erfüllt dieselbe Funktion wie im Deutschen, ohne dass es jemandem auffiele.

Ein kurzer Blick in die Geschichte

Diese Besonderheit des generischen Maskulinums lässt sich bereits sehr früh nachweisen. Schlägt man etwa im *Grammatisch-kritischen Wörterbuch* von Johann Christoph Adelung,

---

70) Lorenz

dem ersten wissenschaftlichen Wörterbuch der deutschen Sprache, unter Begriffen wie *Bürger* oder *Schüler* nach, wird nie auch nur angedeutet, es handle sich ausschließlich um Männer. Aus dem historischen Kontext – das Werk ist Ende des 18. Jahrhunderts erschienen – lässt sich freilich schließen, dass in vielen Zusammenhängen sehr wohl nur Männer gemeint waren. Wenn Adelung etwa schreibt, das Wort „Bürger" bezeichne „alle diejenigen Einwohner einer Stadt, welche in Ansehung ihres Nahrungsgeschäftes die Freyheiten der Stadt genießen, aber zugleich ihre Lasten mit tragen helfen, [...] sie mögen nun an der Regierung mit Theil haben oder nicht"[71], dann ist klar, dass nur Männer gedacht sein können, da Frauen zur damaligen Zeit in der Regel weder ein „Nahrungsgeschäft", also einen Beruf ausübten noch Mitglieder der städtischen Regierung sein konnten. Unter demselben Stichwort heißt es allerdings weiter unten: „In noch weiterer Bedeutung begreift man unter dem Nahmen der Bürger, auch den dritten Stand eines Staates, im Gegensatze der Adeligen und Geistlichen; der Bürgerstand."[72] Ähnliches findet sich im Deutschen Wörterbuch[73] der Brüder Grimm: „der adel bildet den ersten stand, die bürger den andern, die bauern den dritten."[74] Damit wird der Begriff auf eine allgemeine Ebene gehoben und bezeichnet eine bestimmte soziale Zugehörigkeit – unabhängig von Herkunft, Alter, Charakter, Aussehen oder Geschlecht. Und Adelung wird dann in seinem Artikel noch deutlicher: Ein Bürger ist demnach „ein jedes Mitglied einer bürgerlichen Gesellschaft, d.i. einer Gesellschaft, welche sich dem Willen ei-

---

71) Adelung, Johann Christoph: *Grammatisch-kritisches Wörterbuch der Hochdeutschen Mundart*, 4 Bände. Leipzig 1811, Band 1 (A-E), S. 1262, Online im Internet: http://lexika.digitale-sammlungen.de/adelung
72) ebda.
73) Es handelt sich um das umfassendste Wörterbuch zur deutschen Sprache. Begründet 1838 von Jakob und Wilhelm Grimm, fertiggestellt 1961 nach 123 Jahren.
74) Grimm, Jacob et.al.: *Deutsches Wörterbuch*, Bd. 2, Leipzig 1860, Sp. 537, Online im Internet: http://woerterbuchnetz.de/DWB

nes einzigen unterworfen hat. In diesem Verstande werden die Einwohner eines jeden Staates und Landes nach dem Muster des Latein. civis, besonders in der höhern Schreibart, Bürger genannt."[75] Es besteht also kein Zweifel darüber, dass auch früher unter einem *Bürger* nicht notwendigerweise eine männliche Person verstanden wurde.[76]

Andere Wörterbucheinträge bieten weitere stichhaltige Beweise für die Lebendigkeit des generischen Maskulinums auch in vergangenen Jahrhunderten. Adelung definiert etwa den „Freund" folgendermaßen: „Der Neigung nach, eine Person, die man liebt, deren Bestes man zu befördern sucht, *ohne Rücksicht auf das Geschlecht.*"[77] In Goethes Wahlverwandtschaften trägt Ottilie in ihr Tagebuch ein: „Wir befinden uns nicht leicht in großer Gesellschaft, ohne zu denken, der Zufall, der so viele zusammenbringt, solle uns auch unsere Freunde herbeiführen."[78] Es ist nicht zu bezweifeln, dass sie dabei Männer und Frauen im Sinn hat.

Zwischen 1773 und 1885 erschien die von Johann Georg Krünitz herausgegebene *Oekonomische Encyklopädie*, eines der bedeutendsten Nachschlagewerke jener Zeit. Unter dem Stichwort „Sieger" lesen wir: „Sieger, eine Person, welche sieget, den Sieg davon getragen hat". Kein Wort davon, dass der Begriff Frauen ausschlösse. Und wenn der Philosoph Immanuel Kant seine Meinung, Verstellung unter Menschen sei eine notwendige Folge der Zivilisierung, mit den Worten ausdrückt: „Die Menschen sind insgesammt, je civilisirter, desto mehr schauspieler"[79], dann

---

75) Adelung, Band 1 (A-E), S. 1263
76) Bekanntlich bezeichnet auch das lateinische *civis* den männlichen Bürger ebenso wie die Bürgerin – und das in einer durchwegs patriarchal geprägten Gesellschaft, in der Frauen mitnichten gleiche Bürgerrechte genossen wie Männer.
77) Adelung, Band 2 (F-L), S. 283, Hervorhebung von mir
78) Goethe, Johann Wolfgang von: *Wahlverwandtschaften*, hg. v. Erich Trunz (Hamburger Ausgabe in 14 Bänden), Band VI, München [11]1982, S. 384
79) Kant, Immanuel: *Reflexionen zur Anthropologie* (Gesammelte Werke, Akademie-Ausgabe, Band XV, §14), Berlin 1900ff., S. 151, Online im Internet: http://www.korpora.org/Kant/verzeichnisse-gesamt.html

verwendet er das Wort *Schauspieler* offensichtlich sexusindifferent. Auch der Duden definiert: „Ein generisches Maskulinum bezeichnet weibliche und männliche Personen oder andere Lebewesen gemeinsam."[80]

Kann Sprache unsichtbar machen?

Der Behauptung, die deutsche Sprache mache Frauen und Männer in unterschiedlicher Weise sichtbar, kann durchaus zugestimmt werden, allerdings sieht die Realität ganz anders aus, als von feministischer Seite behauptet. Dort, wo Frauen explizit als Frauen erwähnt werden sollen, ist dies meist mit sehr einfachen Mitteln möglich. Das Deutsche erlaubt es nämlich, bei sehr vielen Wörtern – meist durch das Anhängen der Silbe „-in" – eindeutig anzuzeigen, dass eine Frau gemeint ist: *Sklavin, Schriftstellerin, Mörderin, Kundin, Erbin.* Linguisten sprechen von der sogenannten Movierung. Eine analoge Möglichkeit zur Hervorhebung des Männlichen bietet die deutsche Sprache hingegen nicht. Nur sehr wenige Wörter bezeichnen eindeutig eine männliche Person, so etwa *Kaufmann, Bräutigam, Seemann, Witwer.* In den meisten Fällen müssen sich Männer damit abfinden, dass Maskulina beide Geschlechter im gleichen Maße erfassen. Wer etwa fragt, wie viele *Studentinnen* an einer Universität studieren, erhält die Zahl der dort immatrikulierten Frauen. Wer hingegen die Anzahl der Männer an jener Universität wissen will, muss die umständliche Formulierung wählen: *Wie viele männliche Studenten studieren an dieser Universität?* Fragt man nach der *Einwohnerzahl* eines Landes, käme niemand auf die Idee, nur die Männer zu zählen. „Wer von den Rechten der Indianer in Nordamerika berichtet, geht nicht davon aus, dass damit nur die Rechte von Männern gemeint sind, sondern schließt die weiblichen Angehörigen dieser Kulturen mit ein."[81] Wenn wir

---

80) Duden, Band 9 (*Richtiges und gutes Deutsch*), Mannheim [7]2011, S. 369
81) Dewald, Ulrich: *Kontrovers: Feministische Linguistik.* – In: www.wissenschaft.de, 2006

wissen, dass in einer Grundschule 200 *Schüler* von 18 *Lehrerinnen* unterrichtet werden, dann kennen wir zwar das Geschlecht der Lehrkräfte, das der einzelnen Kinder aber nicht. Wenn man sagt, Franz Kafka sei im Prager *Juden*viertel aufgewachsen, zweifelt kein Mensch daran, dass dort auch Frauen wohnten und dass der *Bürger*steig auch für sie gedacht war. Wenn es hingegen heißt, ein Arzt setze sich für seine *Patientinnen* ein, können wir seine Fachrichtung leicht erraten. Wenn eine Modedesignerin ihre *Kundinnen* zu einer Modeshow einlädt, wird klar, dass sie Frauenkleider entwirft. Während ein *Politiker* ein Mann oder auch eine Frau sein kann, herrscht über das Geschlecht der *Politikerin* kein Zweifel. Wolfgang Fleischer beschreibt in seinem Standardwerk über Wortbildung das Spezifische einer maskulinen Berufsbezeichnung: „Sie bezeichnet erstens die Angehörigen eines Berufes mit dem zusätzlichen Merkmal ‚männlich', und sie bezeichnet zweitens die Angehörigen eines Berufes unter Neutralisierung der Opposition ‚männlich', ‚weiblich' (was die Form auf -in grundsätzlich nie kann!)"[82] Anders ausgedrückt: „*Studentin* kann nur deshalb ‚weibliche Person, die studiert' bedeuten, weil das zugrunde liegende Wort Student ‚Person, die studiert' bedeutet und nicht etwa ‚männliche Person, die studiert'."[83]

Die deutsche Sprache macht also dort, wo es notwendig ist, Frauen in höherem Maße sichtbar als Männer. Denn sie hält im Unterschied zu Männern für Frauen eine eigene grammatikalische Form bereit. Ausschließlich von Männern zu sprechen ist somit viel umständlicher. Der feministische Vorwurf läuft demnach ins Leere. Diese Tatsache war freilich noch nie Anlass für irgendjemanden, damit eine Wertung zu verbinden und eine Benachteiligung zu orten, geschweige denn die Forderung nach einer Umgestaltung der überkommenen Sprachgewohnheiten zu erheben.

---

82) Fleischer, Wolfgang; Barz, Irmhild: *Wortbildung der deutschen Gegenwartssprache*, Tübingen ²1995, S. 183 f.
83) Lieb, Hans Heinrich; Richter, Helmut: *Zum Gebrauch von Personenbezeichnungen in juristischen Texten.* – In: Deutsche Sprache 18, 1990, S. 150

Wenn von mangelnder Sichtbarmachung die Rede ist, stellt sich noch eine andere Frage: Warum eigentlich sollten nur Männer und Frauen symmetrisch zur Sprache gebracht werden? Es gibt andere, mindestens genauso wichtige menschliche Kategorien, auf die es innerhalb der Kommunikation ankommen könnte. Oft ist dies viel häufiger der Fall als das biologische Geschlecht: Alter, Hautfarbe, Gesundheitszustand, Bildungsgrad, soziale Schicht, Charakter, ... Der Satz *Amerikanische Ärzte begehen häufig Kunstfehler* sagt etwas über die Personen aus, die in den USA versuchen, Patienten zu heilen. Inwieweit ihnen das gelingt, ist eine überaus wichtige Frage. Welche Hautfarbe, welches Alter, welche Herkunft diese Personen aufweisen, mag bei den Gründen für die angesprochene Entwicklung eine gewisse Rolle spielen, ist für die Aussage selber aber zunächst irrelevant. Dasselbe gilt auch für das Geschlecht. Es ist nicht einzusehen, warum zwar von vielen verlangt wird zu sagen *Amerikanische Ärztinnen und Ärzte begehen häufig Kunstfehler*, nicht aber *Junge und alte amerikanische Ärzte begehen häufig Kunstfehler* oder *Weiße und schwarze amerikanische Ärzte begehen häufig Kunstfehler* oder *Amerikanische Ärzte, die Aufsteigerfamilien und jene, die dem Bildungsbürgertum entstammen, begehen häufig Kunstfehler*. Das Wort *Ärzte* sagt über all die Besonderheiten der Personen nichts aus, und das ist die Stärke eines solchen Ausdrucks. Eine Aufzählung aller Untergruppen der mit dem Wort *Ärzte* bezeichneten Gruppe wäre der Kollaps jeglicher Kommunikation. Dennoch erhebt eine Minderheit die Forderung, bei allen Personenbezeichnungen müsse das Geschlecht explizit erwähnt werden.

Das generische Maskulinum – ein grammatischer Allrounder

Untersucht man das Wesen des grammatischen Maskulinums noch genauer, fallen weitere Besonderheiten auf. Viele Maskulina können nämlich nicht nur Bezeichnungen für Männer und Frauen darstellen, sondern ein ausgedehntes Bedeutungsspektrum umfassen. So sind Berufs- oder Amtsbezeichnungen etwas anderes als Personenbezeichnungen. Vom *Beruf des Richters, des Polizisten* oder *Priesters* zu sprechen ist nur möglich, wenn das Maskulinum in dem Fall nicht eine bestimmte Person, sondern eine Tätigkeit bezeichnet. Ein *Gegner* kann mitnichten nur ein Mensch sein, sondern ebenso ein Tier, eine Gruppe (etwa im Sport) oder ein ganzer Staat (etwa in der Politik). Die Aussagekraft des einen Wortes reicht dabei von der Bezeichnung eines Mannes, einer Person (oder eines Tieres) ohne Bezug auf das Geschlecht bis hin zur Benennung einer Personengruppe oder eines anderen Abstraktums. Eine *Begleiterin* ist eine Frau. Musik aber – grammatikalisch Femininum – ist in unserem Alltag ein ständiger *Begleiter*. Niemand stößt sich an einer solchen Formulierung. Und sie beweist, dass wir das Wort *Begleiter* in einem viel weiteren Sinne auffassen als bloß in der Bedeutung „männliche Begleitperson". Der Slogan der für die innere Sicherheit zuständigen Institution lautet bekanntlich nicht: *Die Polizei, deine Freundin und Helferin*, und kein Mensch, der sich mit den Teilbarkeitsregeln der Zahlen beschäftigt, sagt: *Die Zahl 2 ist eine Teilerin von 6*. Der Satz *Die Fabrik ist der größte Arbeitgeber am Ort* ist vollkommen korrekt und kann gar nicht sexistisch sein, da die Fabrik über kein biologisches Geschlecht verfügt. Die Formulierung *Die Fabrik ist die größte Arbeitgeberin am Ort* wäre grammatikalisch zwar ebenfalls richtig, würde in den Ohren der meisten jedoch seltsam klingen, weil wir unter Arbeitgeberin eben primär eine weibliche Person verstehen. Der Satz *Diese Firma ist Marktführer auf dem Gebiet hochwertiger Zelte* ist korrekt. An dieser Stelle die weibliche Form *Marktführerin* zu verwenden wäre Unsinn. Denn sollte ein Firmenchef wirklich sagen: *Wir müssen auf dem Gebiet hochwertiger Zelte Marktführerin werden*? Ein solcher Satz würde völlig falsche Vorstellungen wecken, zumal er wohl falsch wäre, denn das „Wir" kann verstanden werden als „Wir Firma", „Wir Unternehmen" oder „Wir Konzern" (in jedem der drei Fälle herrscht ein anderes Genus). Ebenso werden die meisten Menschen manche *Blumen als Sonnenliebhaber* bezeichnen und die wenigsten – obwohl grammatikalisch auch richtig – als *Sonnenliebhaberinnen*. Dieses Wort bleibt den bräunungswilligen Damen vorbehalten. Und wie nennt Hölderlin die „milden Lüfte", die ihn bei seiner Rückkehr aus der Schweiz umwehen? „Boten Italiens!" und nicht etwa Botinnen.

Wir sehen: Die Movierung hat in erster Linie den Sinn, die Frau (im weitesten Sinn das biologisch Weibliche) hervorzuheben, und weniger den, die grammatikalische Kategorie Femininum zu bedienen. Umgekehrt umfasst das Maskulinum eine sehr viel größere Bandbreite an Bedeutungen und ist keineswegs darauf beschränkt, das biologisch Männliche herauszustreichen. Das wird auch an folgendem Problem erkennbar. Grammatikalisch korrekt wäre es beispielsweise zu sagen: *Schwalben sind Vorbotinnen des Sommers*, da es ja *die Schwalbe* heißt. Allerdings lenkt das Wort nach unserem Empfinden den Fokus stark auf den Sexus „weiblich", was mit dem Satz nicht beabsichtigt wird. Die Zugvögel kommen ja als Männchen und als Weibchen zu uns. Und eine männliche Schwalbe werden die wenigsten eine Botin nennen wollen. Das ist der Grund dafür, dass sich die meisten bei obigem Satz unwohl fühlen und stattdessen *Schwalben als Vorboten des Sommers* bezeichnen. Dies ist sprachlich einwandfrei, gedanklich klar und stilistisch sauber.

Halten wir fest: Eine Gleichsetzung von Genus und Sexus ist aus zahlreichen Gründen sinnlos. Da nützt kein Gejammer, dass sich Frauen angeblich nicht explizit angesprochen fühlen. Die Unterscheidung, auf die es ankommt – diejenige zwischen Genus und Sexus – treffen wir meist völlig unbewusst und stilsicher. Dabei verwenden wir das Maskulinum intuitiv richtig, und zwar für das Allgemeine, Unspezifische und Leblose. Sobald das Neutrum ins Spiel kommt, lässt uns die Sprache auch gar keine Wahl. Denn es gibt zu den maskulinen Ableitungen auf „-er" zwar stets feminine Formen (*der Betrüger – die Betrügerin*), doch keine, die im Neutrum stehen. Ein Neutrum-Wort für etwas, das betrügt, existiert nun einmal nicht. Deshalb bleibt uns nichts anderes übrig, als ohne Bedenken zum Maskulinum zu greifen, sobald das Subjekt ein Neutrum aufweist. Dies ist auch dann der Fall, wenn dieses Subjekt einen Menschen bezeichnet, dessen biologisches Geschlecht wir nicht kennen: *Das*

Kind ist ein Lügner. Würde – um in der Logik des aggressiven Feminismus zu bleiben – das Wort *Lügner* tatsächlich nur eine männliche Person bezeichnen, wäre ein solcher Satz schlicht falsch, solange nicht bekannt ist, ob es sich bei dem Kind um einen Jungen oder ein Mädchen handelt. Es gibt zwar *den Lügner* und *die Lügnerin*, aber es gibt eben auch Personenbezeichnungen im Neutrum, für die keine dritte Form zur Verfügung steht. Niemand würde sagen *Das Kind ist eine Lügnerin*, wenn er nicht ausdrücken wollte, dass das Kind eben ein Mädchen ist.[84] Gendergerecht müsste es daher umständlich heißen: *Das Kind ist eine Lügnerin oder ein Lügner.* Dieser Ansatz stößt jedoch spätestens dort an seine Grenzen, wo sich maskuline Substantive auch auf Dinge oder Abstrakta im Neutrum beziehen können. *Deutschland war im 20. Jahrhundert ein gefährlicher Aggressor, der zwei Weltkriege verlor.* Niemand empfindet eine solche Formulierung als problematisch, obwohl Deutschland weder ein grammatisches noch ein biologisches Maskulinum aufweist.

Eine österreichische Supermarktkette wirbt mit dem Slogan: *Es ist verdammt hart, der Beste zu sein.* Das Maskulinum lässt sich weder durch ein Neutrum noch durch eine Paarform ersetzen. Ohne Zweifel wird „der Beste" hier geschlechtsneutral verwendet, denn die Supermarktkette hat ja kein Geschlecht. Aus feministischer Sicht dürfte ein solcher Satz aber wegen Diskriminierung nicht gebildet werden.

Die Literaturwissenschaft unterscheidet zwischen dem Verfasser eines Romans und dem Erzähler innerhalb desselben. Wer in einem Schulbuch für das Fach Deutsch allerdings von der *Erzählerin* eines Romans schreibt und dabei nicht die Autorin meint, hat die Bedeutung des Wortes missverstanden. In einem epischen Werk stellt der Begriff *Erzähler* nämlich einen terminus technicus dar, der eine überpersonale, fiktive Instanz bezeichnet, jene nicht greifbare Stimme also, die aus dem Buch zu

---

84) Das Problem ließe sich nur scheinbar umgehen, indem man sagt: „Das Kind lügt." Denn Letzteres besagt, dass das Kind in einer bestimmten Situation lügt. Der Vorwurf hingegen, ein Lügner zu sein, zielt auf eine Einstellung, eine Eigenschaft, etwas, das nicht nur punktuell gilt.

uns spricht. Eine geschlechtsspezifische Zuschreibung ist daher völlig widersinnig. Diese wäre nur legitim bei einer Ich-Erzählung und wenn bekannt ist, ob die Geschichte von einem Mann oder von einer Frau erzählt wird. In allen anderen Fällen handelt es sich um eine ideologisch motivierte, sinnlose Sexualisierung.

Eine spitzfindige Argumentation könnte alle bisher genannten Einwände zwar akzeptieren, zugleich aber behaupten, das Maskulinum sei nur bei Personen sexusmarkiert und sonst eben nicht. Erstens ist eine solche Behauptung recht willkürlich. Es leuchtet nicht ein, warum bei der überwiegenden Mehrzahl der Wörter Genus und Sexus getrennte Kategorien darstellen sollten und dies ausgerechnet nur bei maskulinen Personenbezeichnungen nicht der Fall sein sollte. Zweitens haben wir schon weiter oben gesehen, dass es viele Wörter gibt, bei denen das Maskulinum zwar Personen bezeichnet, aber dennoch sexusindifferent ist. Die Sprache kann uns jedoch noch größere Streiche spielen und die Sache entsprechend komplizierter machen. Denn – drittens – häufig ist ein und dasselbe Wort mit sehr unterschiedlichen Bedeutungen angefüllt. So kann ein *Gastgeber* ein einzelner Mensch, aber auch ein ganzes Land sein: *Die Schweiz war bei der Weltmeisterschaft ein freundlicher Gastgeber.* Manchmal ist aus dem Kontext zwar erschließbar, ob ein Mensch, eine Personengruppe oder etwas Abstraktes gemeint ist. Häufig ist dies jedoch nicht der Fall. Dann erfüllt das generische Maskulinum seinen vornehmsten Zweck: das überindividuell und übergeschlechtlich Allgemeine zu benennen. Wenn bei einer Benefizveranstaltung allen *Sponsoren* gedankt wird, dann können diese Einzelpersonen sein, aber ebenso Firmen, Gebietskörperschaften oder Vereine. Der Begriff *Sponsor* geht über die Bezeichnung einer Person weit hinaus. Zu behaupten, er erfasse bloß Männer, ist falsch. Ein Dank an alle *Sponsorinnen und Sponsoren* wäre daher unangebracht. Dasselbe gilt für das Wort *Investor*. Auf die Frage *Wer ist der erfolgreichste Investor?* kann die Antwort lauten: John Templeton (Mann) oder die Goldman Sachs Group (Bankkonsortium) oder auch China (Staat). Ebenso kann die Antwort aber auch lauten: Janet Tavakoli (Frau). Das Wort *Investor* ist also in diesem Zusammenhang nicht einmal unbedingt auf einen Menschen bezogen, geschweige denn bloß auf einen Mann. Eine Formulierung wie *Wer ist der erfolgreichste Investor oder die erfolgreichste Investorin?* wäre nicht nur mehr als doppelt so lang, sie ließe auch kaum alle Antwortmöglichkeiten zu. Denn das Wortpaar *Investor-Investorin* legt den Fokus auf Menschen und schließt Institution praktisch aus. Dieselbe Irreführung liegt vor, wenn etwa von *Sportartikelherstellern und -herstellerinnen* die Rede ist, wie ich jüngst in einer Radiosendung hören durfte.

Die abstrahierende Kraft des Maskulinums wird auch an folgenden Redewendungen sichtbar. So sagen wir *Ich gehe zum Friseur*, obwohl die dort Tätigen meist Frauen sind. *Friseur* bedeutet in diesem Satz so viel wie „Frisiersalon". Jemand, der *einen Rechtsanwalt einschalten* muss, drückt lediglich aus, dass er Bedarf nach rechtlichem Beistand hat. Ob sich ein einzelner Mann, eine Rechtsanwältin oder ein ganzes Team in einer großen Kanzlei des Falls annimmt, ist nicht bekannt. Ebenso verhält es sich, wenn wir *zum Griechen essen gehen* und eigentlich ein griechisches Restaurant meinen. Das Maskulinum benennt in solchen Fällen zwar primär eine Person, es steht zugleich aber für eine ganze Institution. So wird man bei einem Verkehrsunfall den *Notarzt* rufen und sich nicht wundern, wenn dieser eine Frau ist oder wenn ein Krankenwagen mit mehreren Personen auftaucht. Manchmal ist das Maskulinum so neutral, dass es sogar erlaubt, das Kongruenzgebot Singular-Plural zu ignorieren: *Die USA sind der größte Umweltverschmutzer.*

Nach feministischer Auffassung bezeichnet das Wort *Bauer* in jedem Fall einen Mann. Und doch handelt es sich beim sogenannten *Bauernsterben* um keine tödliche Seuche unter männlichen Landwirten. *Der Bauer* steht vielmehr als Chiffre für einen landwirtschaftlichen Betrieb. Auch hier eine wunderbare Abstraktionsleistung des Maskulinums. Ein exzessives *Bäuerinnensterben* hingegen wäre wohl ein Fall für den Staatsanwalt. Ähnlich verhält es sich mit dem Wort *Wähler*. In dem Satz *Der Wähler hat gesprochen* ist der *Wähler* kein Mann, sondern ein Abstraktum für die Gesamtheit derer, die an der

Wahl teilgenommen haben. Auch der Satz *Der Gesetzgeber hat Folgendes beschlossen* ist trotz mitunter geäußerter gegenteiliger Auffassung nicht sexistisch. Denn wenn der *Gesetzgeber* etwas beschließt, dann ist nicht ein einzelner Mann gemeint, der etwas beschlossen hat, sondern eine Gruppe verschiedener Personen. Der Begriff *Gesetzgeberin* wäre völlig irreführend. Unter einem *Souverän* verstand man früher einen Alleinherrscher, der unumschränkte Macht besaß. Später – als der Begriff der Volkssouveränität Mode und schließlich politische Realität wurde – war der Souverän die Gesamtheit der Wahlberechtigten in einem demokratisch verfassten Staat. Wenn jedoch ein deutscher Außenminister von *der Souveränin und dem Souverän* spricht und dabei nichts anderes meint als das Wahlvolk, dann zeigt sich wieder einmal, wie ein verqueres Genderbewusstsein sprachlichen Unsinn produziert.

Wie tief das generische Prinzip des Maskulinums in den Grundstrukturen unserer Sprache verankert ist, erkennt man auch mit einem Blick auf das Pronomen *wer*. Zwar hat der Schriftsteller Armin Ayren bemerkt, „daß *wer* die Frageform von *er* ist. Wer garantiert unsexistisch nach einer Frau fragen wollte, müßte so etwas wie *wihr* erfinden."[85] Dennoch wird nicht nach dem Genus unterschieden, falls *wer* als Interrogativpronomen verwendet wird, was auch meist keine Probleme bereitet: *Wer das war, ob Paul oder Anna, wissen wir nicht.* Leitet *wer* hingegen einen Relativsatz ein, dominiert das Maskulinum: *Wer oft Sport treibt, der lebt gesünder.* Da dieser Satz im Nominativ steht, kann das einleitende „der" weggelassen werden, was auch gerne empfohlen wird. In allen anderen Fällen ist ein maskulines Bezugswort aber unvermeidlich: *Wen Sport nicht begeistert, der sollte wenigstens viel zu Fuß gehen; Wem Sport keinen Spaß macht, der sollte wenigstens viel zu Fuß gehen.*

Es leuchtet nicht ein, weshalb *wer* als Interrogativpronomen geschlechtsneutral und als Relativpronomen sexusmarkiert sein sollte. Sätze wie die folgenden werden von feministischer Seite

---

85) Zimmer, *Redens Arten*, S. 72

gerne angeführt, um gegen das generische Maskulinum zu polemisieren: *Wer schwanger ist, weiß, dass er auf seine Gesundheit achten sollte.* Und: *Wer hat seinen Lippenstift vergessen?* Dennoch widersprechen solche Wendungen weder der Grammatik noch dem Stilempfinden. In jedem Fall falsch ist aber, nach dem „wer" ein „sie" folgen zu lassen. Nichtsdestoweniger heißt es in einem staatlich approbierten österreichischen Schulbuch für das Fach Deutsch: „Wer nach einem Kochrezept kochen will, weiß, dass er/sie darin vor der Anleitung die Zutatenliste findet."[86]

Das Maskulinum neutralisiert Gegensätze

In dem Satz *Der Franzose trinkt gerne Rotwein* umfasst das Wort *Franzose* nicht nur die *Französin*, sondern zugleich *die Franzosen* (und *Französinnen*), also die Mehrheit der französischen Bevölkerung. Sowohl das Gegensatzpaar männlich/weiblich als auch die Opposition Singular/Plural werden durch die verallgemeinernde Bezeichnung *Franzose* neutralisiert. Ein verbreitetes rhetorisches Prinzip – Synekdoche genannt – hat hier nicht die Funktion jemanden auszuschließen, sondern im Gegenteil, durch eine prägnante Formulierung mehr an Anschaulichkeit zu erzeugen, als erschöpfende Aufzählungen es je könnten. Ein ähnliches Phänomen finden wir in dem Satz „Hans ist seit drei Tagen krank"[87]. Niemand würde ihn so verstehen, dass „Hans nur tagsüber krank ist und nachts wieder gesund wird."[88] Vielmehr ist die Nacht – obwohl rein logisch das Gegenteil von Tag – in dem Wort Tag mitgemeint.

Es handelt sich um ein weit verbreitetes Prinzip der Neutralisierung: Innerhalb eines Oppositionspaars gibt es häufig einen Begriff, der sowohl explizit für den einen Teil stehen als auch eine neutrale Bedeutung aufweisen kann, falls es kein eigenes neut-

---

86) Eder-Hantscher, Claudia; Geisler, Gertraud et.al.: *Kompetenz Deutsch. Sprachbuch für berufsbildende höhere Schulen*, Band 3, Wien 2010, S. 8
87) Ulrich, S. 314
88) ebda.

rales Wort gibt. So kann der *Franzose* entweder einen einzelnen Franzosen oder die Mehrheit der Franzosen bezeichnen und der *Tag* entweder die Zeit zwischen Sonnenaufgang und Sonnenuntergang oder aber den Zeitraum von 24 Stunden. Ebenso kann das Wort *Student* einen männlichen Studenten oder aber eine männliche oder weibliche Person bezeichnen, die studiert. Was nun den Gegensatz Maskulinum/Femininum betrifft, stellt das Maskulinum im Deutschen meistens den unmarkierten Begriff dar, „das männliche Genus ist sehr oft nicht eigentlich männlich, sondern generisch und neutral"[89], wie die Sprachwissenschaftlerin Miorita Ulrich bemerkt. Der *Teilnehmer* ist erst dann eindeutig als männlich charakterisiert, wenn es *männlicher Teilnehmer* heißt. Ist der *Teilnehmer* weiblich, bedarf es nur zweier Buchstaben, um dies deutlich zu machen. Daher, so fährt Ulrich fort, „dürften also eher die Männer sich benachteiligt und verletzt ansehen, da sie nur als neutral und nicht weiter charakterisiert bezeichnet werden. Das natürlich nur, wenn die angenommene Benachteiligung durch die Sprache eine ernstzunehmende Angelegenheit und nicht nur eine Selbsttäuschung wäre."[90]

Beim bestimmten Artikel ist das Femininum die neutralisierende Form, da der Plural im Nominativ für alle Genera *die* heißt. Die Artikel *der*, *die* und *das* verschmelzen im Plural zur femininen Form *die*. Dasselbe gilt für das Personalpronomen *sie*. Es bezeichnet im Singular eindeutig ein Femininum, ist im Plural aber geschlechtsneutral. Auch eine Gruppe von Männern wird mit *sie* angesprochen. Solche Neutralisierungen finden sich auch in anderen Sprachen. Im Spanischen heißt der Bruder „el hermano", die Schwester „la hermana". Bei der Bezeichnung für ‚Brüder und Schwestern' weicht man auf den Plural von Bruder, nämlich „los hermanos" zurück. Das Wort erfüllt dabei eine geschlechtsneutralisierende Funktion. Eine andere Bezeichnung existiert in der Sprache nicht. Je nach Kontext muss also entschieden werden, ob es ‚die Brüder' oder eben ‚Brüder

---

89) ebda., S. 320
90) ebda.

und Schwestern' heißt. Im Deutschen ist es umgekehrt. Das geschlechtsneutrale Wort für ‚Brüder und Schwestern‘, nämlich *Geschwister*, leitet sich von der *Schwester*, also von der weiblichen Form ab. *Gebrüder* bedeutet bekanntlich etwas anderes.

In dichterischer Sprache wird die Neutralisierung durch das Maskulinum mitunter auch dann vorgenommen, wenn ein eigenes neutrales Wort existiert. In Schillers Worten *Alle Menschen werden Brüder* hat das Wort *Brüder* eine neutralisierende Funktion, und zwar im Sinne von Geschwister, ja stärker: im Sinne von Freunde, Vertraute. Denn wörtlich genommen ist der Satz natürlich Unsinn: und zwar sowohl im Hinblick darauf, dass Verwandtschaftsbeziehungen nicht wählbar sind, als auch deshalb, weil zu *allen Menschen* eben auch Frauen gehören, die niemals Brüder sein können. Ist der Satz deswegen sexistisch? Oder ignoriert und diskriminiert er andere Angehörige, die Väter, Mütter, Tanten und Onkel, die Cousins und Cousinen? Weder das eine noch das andere. Denn obwohl das Wort *Bruder* normalerweise eine eindeutige Bedeutung hat, und zwar sowohl das Geschlecht als auch den Verwandtschaftsgrad betreffend, kann es in bestimmten Zusammenhängen diese Bedeutung neutralisieren und im übertragenen Sinne auf etwas Allgemeines weisen. In Schillers Gedicht stellt das Wort *Brüder* ein Sinnbild für Freundschaft, Zuneigung und Vertrauen dar.

Dasselbe Missverständnis – oder vielmehr die Ignoranz gegenüber unterschiedlichen Bedeutungsebenen eines Wortes – liegt der Umdichtung der österreichischen Bundeshymne zugrunde, in der das Land nicht mehr bloß als „Heimat [...] großer Söhne“, sondern als „Heimat großer Töchter und Söhne“ besungen wird. Denn auch das Wort *Söhne* hat hier offensichtlich eine neutralisierende Funktion, und zwar genauso wie bei Schiller hinsichtlich des Geschlechts wie auch bezüglich des Verwandtschaftsgrads. Ein Land kann ja bekanntlich keine Kinder haben. Wer wären denn überhaupt die Eltern? Wäre Österreich die Mutter oder der Vater? Abgesehen davon fragt niemand danach, ob sich selbst alle berühmten Männer österreichischer Herkunft als „Söhne Österreichs“ bezeichnen lassen wollen. Viele wurden vom österreichischen Staat unterdrückt, viele sind ausgewandert oder wurden umgebracht. Hinzu kommt, dass sich etliche, die heutzutage als nationale Helden oder Genies gefeiert werden, zu Lebzeiten nicht als Österreicher gefühlt haben und sich niemals zu dessen „Söhnen" würden zählen lassen. Dennoch ist das Wort *Söhne* in dem pathetischen Hymnentext angebracht, da es in höchstem Maße neutralisierend wirkt und etwas Allgemeines bezeichnet. Die Dichterin der österreichischen Hymne, Paula Preradovic, wusste noch um solche Feinheiten und konnte den sprachlichen Reichtum ausschöpfen, sie wusste, dass sich in ihrem Text das Wort *Söhne* keineswegs bloß auf Männer bezieht, sondern die besonderen Leistungen, die von den Menschen in ihrem Land erbracht wurden, gepriesen werden sollen. Zeitgenössischen, vom feministischen Gleichheitswahn getriebenen Abgeordneten sind solche Unterschiede längst gänzlich fremd.

Treffend stellt die Germanistin Martina Werner fest: „Die durch Sprache hergestellte Ökonomie ist nicht diskriminierend, sie folgt nur einer anderen Systematik. In dieser Systematik spielt das Kriterium ‚Geschlecht' zunächst keine Rolle."[91] Dies einzusehen würde eine ganze Gender-Industrie in Universitäten, Behörden, Verbänden, aber auch privaten und öffentlichen Unternehmen arbeitslos machen. Die dort Beauftragten müssten keine Anleitungen zu geschlechtssensiblem Sprachgebrauch schreiben, die außer von einigen eingefleischten Feministinnen wohl ohnehin von niemandem gelesen werden. Studenten und Schüler könnten sich auf das konzentrieren, was sie unbedingt lernen sollten: ein lebendiges und verständliches Deutsch zu schreiben.

---

91) Werner, Martina: *Zur Verwendung geschlechtergerechter Sprache – die grammatische Kategorie Genus – Online-Handreichung erstellt im Rahmen einer Ausschreibung für die Frauenbeauftragte der LMU München*, 2007, S. 7, Online im Internet: http://www.frauenbeauftragte.uni-muenchen.de/berichte/berichte_veranstalt/handreichung2007.pdf,

Semantische Feinheiten

Es ist höchst bemerkenswert, dass die aufgezeigten Zusammenhänge von der feministischen Sprachkritik geflissentlich ignoriert werden und viele darauf bestehen, das Maskulinum würde nur Männer bezeichnen und Frauen ausschließen. Mitunter werden obige Argumente zwar akzeptiert, müssen zugleich aber als Beweis für das frauenfeindliche Wesen der deutschen Sprache herhalten. Darin offenbart sich ein logischer Widerspruch. Denn entweder wir erklären das generische Maskulinum für eine Erfindung und behaupten, maskuline Formen rückten Männer in den Vordergrund und machten Frauen unsichtbar. Oder aber wir anerkennen, dass das Maskulinum übergeschlechtlich verstanden wird und sehr wohl Frauen in gleicher Weise umfassen kann. Dies wird aber ebenso kritisiert. Denn – so der gängige Vorwurf – gerade die Tatsache, dass das Maskulinum unterschiedliche Bedeutungsnuancen aufweist und in verschiedenen Situationen zur Anwendung kommt, zeige bloß, dass das männliche Prinzip die Norm sei und unser Denken patriarchal verseucht. Frauen würden nicht vollwertig angesprochen, sondern bloß mitgemeint sein, was als ungerecht empfunden wird. Übersehen wird dabei, dass im letzteren Fall Männer eben auch „bloß mitgemeint" sind. Jedenfalls widersprechen einander die beiden Vorwürfe: eine Formulierung kann niemanden mitmeinen und zugleich ausschließen.

Luise F. Pusch hat zu Beginn der 90er Jahre mit folgendem polemischen Argument gegen das generische Maskulinum die Gemüter erhitzt. Sie schrieb, 99 Sängerinnen und ein Sänger ergäben 100 Sänger, wodurch die 99 Frauen unsichtbar würden. Das, so Pusch, sei ein Beweis für die diskriminierende Kraft der deutschen Sprache. Seit damals wird an ihr heftig herumgefuhrwerkt, um sie den Idealen des Feminismus gefügig zu machen. Was Pusch und Unzählige, die ihr nachfolgten, nicht begriffen haben, ist, dass sogar 100 Sängerinnen in bestimmten Kontexten als 100 Sänger bezeichnet werden können, ja müssen. Besteht eine Personengruppe wirklich aus 99 Sängerinnen und einem Mann und ist dies auch bekannt, dann wird diese kuriose Zusammensetzung auch explizit zur Sprache kommen. Stellen wir uns hingegen vor, eine Gemeinde plant eine kleine Jubiläumsfeier, bei der es auch eine musikalische Umrahmung geben soll. Personen aus der Region sind eingeladen vorzusingen. Einige Wochen, nachdem die Einladung an alle Haushalte verschickt wurde, wirft jemand vom Veranstaltungskomitee einen flüchtigen Blick auf die Anmeldeliste, ohne die Namen näher anzuschauen, und sagt: *Es haben sich schon 100 Sänger angemeldet.* In einem solchen Fall könnte es tatsächlich passieren, dass sich unter den 100 Sängern nur ein Mann oder vielleicht gar keiner befindet. Trotzdem ist der Satz nicht sexistisch, er macht die Frauen nicht weniger unsichtbar als Männer, wie oft behauptet wird, sondern er sagt einfach nichts über das Geschlecht der angemeldeten Personen aus.

Wenn wir wissen, dass ein Chor aus 100 Frauen besteht, werden wir wohl von 100 Sängerinnen sprechen, um dies auch auszudrücken. Angenommen aber, der Chor besteht aus 200 Personen, deren Geschlecht wir nicht kennen. Bei einem großen Konzert beobachten wir, wie die ersten einhundert Chormitglieder – alle weiblich – auf die Bühne kommen. Rückblickend ergeben sich folgende Aussagemöglichkeiten:

1. *Die ersten hundert Sängerinnen, welche die Bühne betraten, waren Frauen.* Ein solcher Satz stellt einen inhaltsleeren Pleonasmus dar. Es ist unglaublich, aber leider sind solche Sätze immer wieder in den Medien zu vernehmen.

2. Der Satz *Die ersten hundert Sänger, welche die Bühne betraten, waren Frauen* ist korrekt und hat eine klare Aussage. Er legt nahe, dass außer Frauen auch Männer mitsingen, obwohl – und das ist wichtig – das nicht unbedingt der Fall sein muss. Die Verwendung des generischen Maskulinums ist hier nicht nur möglich, sondern notwendig.

3. Dasselbe gilt für folgenden Satz: *Die ersten hundert Sänger, welche die Bühne betraten, waren Sopranistinnen.*

4. Wenn es hingegen heißt: *Die ersten hundert Sängerinnen, welche die Bühne betraten, waren Sopranistinnen,* dann sagt

der Satz klar aus, dass es sich um einen reinen Frauenchor handelt. Die nächsten hundert Sängerinnen werden demnach wahrscheinlich Altistinnen sein.

5. Auch der Satz *Die ersten hundert Sängerinnen und Sänger, welche die Bühne betraten, waren Frauen* ist unsinnig. Denn in diesem Fall – da beide Formen explizit vorkommen – bezeichnet das Wort *Sänger* nur die Männer. Die ersten 100 Personen auf der Bühne sind aber allesamt Sängerinnen, also Frauen.

Wir sehen: Im Unterschied zum Wort *Sängerin* hinterlässt das Wort *Sänger* eine gewisse Unsicherheit und macht Männer eher weniger sichtbar als Frauen. Bedeutungsunterschiede entstehen auch in anderen Situationen. Der Satz *Als Schülerin sitzt man leider immer am kürzeren Ast* bedeutet unter Umständen etwas anderes als der Satz *Als Schüler sitzt man leider immer am kürzeren Ast*, auch wenn beide Sätze von einem Mädchen gesprochen werden. Im ersten Fall rekurriert die Beschwerde sowohl auf die Rolle innerhalb einer Schule als auch auf das Geschlecht; im zweiten Fall spielt das Geschlecht keine Rolle. Der Satz *Frau Huber arbeitet als Arzt in einer großen Klinik* macht Frau Huber nicht unsichtbar. Trotzdem wird er von Feministinnen abgelehnt. Es geht ihnen um die Bekämpfung des generischen Maskulinums und darum, das Bewusstsein der Sprecher auf das Geschlechtliche zu lenken. Genau genommen kann es – aus weiblicher Sicht – einen Unterschied bedeuten, ob es heißt *Ich als Arzt* oder *Ich als Ärztin*. Wenn eine Ärztin beispielsweise sagt: *Als Arzt plädiere ich dafür, dass Schulkinder ein gesundes Pausenbrot erhalten*, betont sie die Sicht ihrer Dinge aufgrund ihrer Profession, nämlich der Tätigkeit „als Arzt". Dieselbe Ärztin könnte aber in einer anderen Situation sagen: *Meine Erfahrung als Ärztin zeigt, dass junge Frauen oft froh sind, ihre ersten gynäkologischen Untersuchungen von einer Frau durchführen zu lassen*. Hier betont die Sprecherin, dass ihre Erfahrung darauf beruht, dass sie eine Ärztin ist, also ein weiblicher Arzt. Ihre Sicht der Dinge unterscheidet sich möglicherweise von derjenigen männlicher Ärzte. Ihr Geschlecht ist in diesem Zusammenhang von Bedeutung.

Die deutsche Sprache verfügt über ein herausragendes Differenzierungsvermögen, das gepflegt gehört. Es verhilft uns zu einer nuancierten Ausdrucksweise und zu entsprechend feinen gedanklichen Abstufungen. Ob wir ein Maskulinum oder ein Femininum verwenden, ist daher keine weltanschauliche, keine ideologische oder politische Frage, sondern eine semantische. Wir erhalten jeweils Aussagen mit unterschiedlichen Bedeutungen. Freilich ließen sich all diese Feinheiten ignorieren, indem man mehr oder weniger zufällig maskuline und feminine Formen verwendet und hofft, aus dem Kontext würde schon klar werden, was gemeint ist. Das aber kann nicht im Sinne einer präzisen Sprachbeherrschung sein. Wer Nuancen durch eine schlampige oder bewusst falsche Verwendung der Sprache einebnen möchte, handelt verantwortungslos und hat dort, wo mit Sprache professionell umgegangen wird – also sowohl in den Medien als auch im Bildungsbereich – nichts verloren.

3. Formen des Genderns

„Die Gleichwertigkeit weiblicher und männlicher Lehrender wie Lernender ist für den Autor über jeden Zweifel erhaben. Deshalb möchte er sie auch nicht ständig betonen und verzichtet auf die im Bildungsjargon üblich gewordene, gleichwohl schwer erträgliche Textaufblähung – auch, um nicht von den eigentlichen Bildungsfragen abzulenken. Denn in diesem Buch ist 1591 mal von Lehrern und 1195 mal von Schülern die Rede; die jeweils explizite Erwähnung beider Geschlechter hätte das Buch um etwa 11 Seiten anschwellen lassen – ohne größeren Erkenntnisgewinn."

Michael Felten, Pädagoge, in der Vorbemerkung zu:
Auf die Lehrer kommt es an.

Um Frauen in der Sprache sichtbarer zu machen, haben sich die Kritiker in den vergangenen drei Jahrzehnten eine Reihe zum Teil skurriler Vorschläge ausgedacht. Dabei werden grundsätzlich zwei Strategien verfolgt: die ostentative Hervorhebung von Frauen und die Neutralisierung des Geschlechts.

Die Doppelnennung

Eine der einfachsten und gängigsten Varianten, den Sexus von Personen sprachlich in den Vordergrund zu rücken, besteht in der permanenten Doppelnennung, also der expliziten Verwendung maskuliner und femininer Gattungs- und Berufsbezeichnungen. Diese Methode wird auch Splitting genannt. Wir können einen beliebigen Text betrachten, bei dem es um Personen samt deren Funktionen und Berufen geht, um sehr rasch festzustellen, welch enormen Preis wir zahlen müssten, wollten wir diese Form des Genderns konsequent durchhalten. Verständlichkeit und Stil würden unweigerlich leiden. Greifen wir drei Beispiele heraus.

Im Internationalen Kodex für ärztliche Ethik stehen die wichtigen Sätze: „Der Arzt schuldet seinen Patienten völlige Loyalität und den Einsatz aller Hilfsmittel der ärztlichen Wissenschaft. Wenn Diagnose oder Therapie in ihren Anforderungen die Fähigkeiten des Arztes überfordern, sollte er den Rat eines erfahreneren Arztes suchen."[92] Und so müsste die feminisierte Form unter Verwendung der Paarformen lauten: *Der Arzt oder die Ärztin schuldet seinen oder ihren Patienten und Patientinnen völlige Loyalität und den Einsatz aller Hilfsmittel der ärztlichen[93] Wissenschaft. Wenn Diagnose oder Therapie in ihren Anforderungen die Fähigkeiten des Arztes oder der Ärztin überfordern, sollte er oder sie den Rat eines erfahreneren Arztes oder einer erfahreneren Ärztin suchen.* Die beiden Sätze werden um 33 Silben länger, das sind fast 43%. Sie sind viel weniger verständlich und transportieren dennoch keinen zusätzlichen Inhalt.

Im Aufsichtserlass aus dem Jahr 1995 des österreichischen Bildungsministeriums heißt es: „Der Schulleiter hat [...] neben dem Leiter der Veranstaltung in Absprache mit diesem anstaltseigene geeignete Lehrer [...] in folgender Anzahl festzulegen."[94] Und so hieße dieser Satz unter Verwendung der Paarformen: *Der Schulleiter oder die Schulleiterin hat neben dem Leiter oder der Leiterin der Veranstaltung in Absprache mit diesem oder dieser anstalteigene Lehrer oder Lehrerinnen in folgender Anzahl festzulegen.* Ganze 21 Silben ist die Geschlechtergerechtigkeit hier wert. Statt den Informationsgehalt zu erhöhen, macht die Doppelnennung einen Satz fast immer unnötig lang und lenkt vom Wesentlichen der Satzaussage ab.

Betrachten wir abschließend §69, Abs. 3 des deutschen Grundgesetzes, der die Rolle der Stellvertreter des Bundeskanzlers regelt: „Auf Ersuchen des Bundespräsidenten ist der Bundeskanz-

---

92) *Erklärung des Weltärztebundes zum Internationalen Kodex für Ärztliche Ethik.* – In: Handbuch der Deklarationen, Erklärungen und Entschließungen. Deutsche Fassung, 2008, S. 277 Online im Internet: www.bundesaerztekammer.de/downloads/handbuchwma.pdf
93) Streng genommen müsste auch das Wort „ärztlich", das sich von Arzt und nicht von *Ärztin* ableitet, entsprechend gegendert werden. Vgl. dazu Kap. 4
94) SchVV, §4, Abs. 3

ler, auf Ersuchen des Bundeskanzlers oder des Bundespräsidenten ein Bundesminister verpflichtet, die Geschäfte bis zur Ernennung seines Nachfolgers weiterzuführen." Der Satz ist relativ kompliziert, aber dennoch klar und prägnant. Schriebe man diesen Paragraphen mit Hilfe der Doppelnennungen um, würde er folgendermaßen lauten: *Auf Ersuchen des Bundespräsidenten oder der Bundespräsidentin ist der Bundeskanzler oder die Bundeskanzlerin, auf Ersuchen des Bundeskanzlers oder der Bundeskanzlerin oder des Bundespräsidenten oder der Bundespräsidentin ein Bundesminister oder eine Bundesministerin verpflichtet, die Geschäfte bis zur Ernennung seines oder ihres Nachfolgers oder seiner oder ihrer Nachfolgerin weiterzuführen.* Wie schön, dass Feministinnen meist keine Juristinnen sind und daher nur selten Gesetzestexte verstehen und auswendig lernen müssen.

Angesichts der Unzumutbarkeit solcher Formulierungen hat das deutsche Bundesverwaltungsamt in einem ausführlichen Merkblatt über die *Sprachliche Gleichbehandlung von Frauen und Männern* festgehalten: „Eine konsequente Anwendung der Paarformulierungen würde zu äußerst schwerfälligen und weitschweifigen Formulierungen führen, die einen Text schwer verständlich machen. [...] In mehrteiligen Satzgefügen führt die grammatisch korrekte Verwendung der Fürwörter (Pronomen) und die Anknüpfung der Relativsätze zu einer Ausweitung und Komplizierung der Texte, die dadurch in der Regel unverständlicher werden."[95] Daraus könnten sich – so die Autoren des Merkblatts – „ungenießbare Satzungeheuer"[96] ergeben. Voller Besorgnis hat daher der Richter am Bundesgerichtshof a.D. Eberhard Foth vor einer „nicht zu rechtfertigenden und umfassenden Änderung und Aufblähung unseres gesamten Gesetzesbestandes"[97] gewarnt, welche die Verständlichkeit von Gesetzestexten unnö-

95) *Sprachliche Gleichbehandlung von Frauen und Männern. Hinweise, Anwendungsmöglichkeitsmöglichkeiten und Beispiele.* (BBB-Merkblatt M 19, Bundesverwaltungsamt, 2. Auflage 2002), S. 12
96) ebda.
97) Eberhard Foth: *Zur „geschlechtsneutralen" (oder: „geschlechtergerechten") Rechtssprache.* – In: Juristische Rundschau (JR) 2007, S. 410

tig erschwert. „Immer wieder", so schreibt der erfahrene Jurist, „wird vom schlanken Staat, von weniger Bürokratie, von der Notwendigkeit weniger und gut verständlicher Gesetze gesprochen, doch wird das Gegenteil praktiziert"[98].

Abgesehen von der Schwerfälligkeit derart überladener Formulierungen fällt ein ganz allgemeines semantisches Problem auf. Bei einer Doppelnennung im Plural muss sichergestellt sein, dass auch beide Geschlechter in der Mehrzahl vertreten sind. Die Formulierung *Forscherinnen und Forscher haben herausgefunden, dass …* ist nur dann legitim, wenn mindestens zwei Forscherinnen und mindestens zwei männliche Forscher an der Entdeckung beteiligt waren. Falls dies unbekannt ist, darf ein Splitting nicht vorgenommen werden, will man logische Gesetzmäßigkeiten der Sprache nicht ignorieren.

Trotz der offensichtlichen Absurditäten, die sich aus der Verwendung von Paarformen ergeben, ist es mittlerweile üblich geworden, Texte, auch Gesetzestexte, in dieser Art zu verfassen. In der Berufsordnung der deutschen Ärztekammer findet sich folgender stilistisch bemerkenswerte Absatz: „Ärztinnen und Ärzte achten das Recht ihrer Patientinnen und Patienten, die Ärztin oder den Arzt frei zu wählen oder zu wechseln. Andererseits sind – von Notfällen oder besonderen rechtlichen Verpflichtungen abgesehen – auch Ärztinnen und Ärzte frei, eine Behandlung abzulehnen. Den begründeten Wunsch der Patientin oder des Patienten, eine weitere Ärztin oder einen weiteren Arzt zuzuziehen oder einer anderen Ärztin oder einem anderen Arzt überwiesen zu werden, soll die behandelnde Ärztin oder der behandelnde Arzt in der Regel nicht ablehnen."[99] Die Verfasser mögen ein wohliges Gefühl dabei haben, einen Beitrag zu einer gerechteren Gesellschaft geleistet zu haben, und es mag tatsächlich Menschen geben, die in solchen Sätzen einen kulturellen Fortschritt sehen. Leserfreundlich und kommunikationsfördernd ist ein solcher Stil aber nicht. Und auch die fanatischsten

---

98) ebda., S. 411
99) MBO-Ä, §7, Abs.2

Verfechter der Doppelnennung müssen akzeptieren, dass diese in der gesprochenen Sprache unzumutbar und ihr Einsatz in den meisten Fällen undurchführbar ist.

Trotzdem begrüßt uns das Internetportal der Stadt Graz mit folgendem Satz: „Ein Hausarzt bzw. eine Hausärztin ist ein(e) niedergelassene(r) (freiberufliche(r)) oder ein in einem Medizinischen Versorgungszentrum angestellte(r) Arzt oder Ärztin, der für die Patienten und Patientinnen meist die erste Anlaufstelle bei medizinischen Problemen ist."[100] Ich persönlich kenne niemanden, der einen solchen Satz – falls man das Gebilde einen solchen nennen darf – ernsthaft für den Ausdruck gesteigerter Emanzipation und einer erfolgreichen Gleichstellungspolitik sieht. Dennoch finden sich solche Passagen in Schriftstücken und auf Internetportalen öfflicher Institutionen, von Menschen erdacht, deren sichere Arbeitsplätze von Steuergeldern oder Zwangsbeiträgen erhalten werden und die sich daher niemals sorgen mussten, ob ihre Ergüsse von irgendwem gelesen werden oder nicht; von Menschen formuliert, die wohl nicht eine Sekunde daran dachten, wie sich jemand fühlt, wenn er solche Texte lesen muss. Ob in einem derartigen Satz Frauen wirklich sichtbarer gemacht werden und sich direkter angesprochen fühlen oder ob nicht vielmehr jede Form von Sichtbarkeit dahin ist, möge jeder für sich entscheiden.

Dort, wo Sätze nicht am Schreibtisch konstruiert werden, sondern dem alltäglichen Dialog entspringen, ist die auch nur halbwegs konsequente Verwendung der Paarformen eine Illusion. Wir sagen *Jeder soll sich um seinen eigenen Kram kümmern* und niemals *Jeder und jede soll sich um seinen oder ihren Kram kümmern*. Wir sagen *Ein Pilot trägt große Verantwortung für seine Passagiere* und niemals *Ein Pilot oder eine Pilotin trägt große Verantwortung für seine oder ihre Passagierinnen und Passagiere*.

Bereits 1986 konstatierte Dieter E. Zimmer: Eine konsequente Doppelnennung „ließe sich auch nicht durchhalten. Was he-

---

100) http://www.info-graz.at/allgemeinmediziner-hausarzt-aerztin-aerztinnen-krankheiten-untersuchungen-ueberweisung-vertrauen/

rauskäme, wenn dieses Prinzip lückenlos befolgt würde, wäre zu pedantisch, zu umständlich, zu uferlos, übrigens auch zu sexistisch, und meist mehreres zugleich. Kurz, es wirkte lächerlich."[101] Natürlich lassen sich geschriebene Texte in dieser Weise leichter verhunzen als Gesprochenes. Aber wer den Wunsch hat, gelesen zu werden, kann nicht umhin, sich an der mündlichen Sprache zu orientieren. Auch vorgelesen sollten seine Texte leicht verständlich sein. Nichtsdestoweniger erlebe ich immer wieder sogar Vorträge, bei denen die Referenten versuchen, unter Verwendung der Paarformen zu sprechen. Dabei wirken die Vortragenden oft wie Karikaturen, die sich zwar bemühen, politisch korrekt zu sein, aber trotzdem immer wieder in einen natürlichen Sprachduktus verfallen. Man spürt förmlich die Anstrengung und Konzentration, die sie dabei aufwenden. Bei Zuhörern wie auch bei Lesern erregen exzessive Doppelnennungen Widerwillen und lenken vom Inhalt ab.

Der Schrägstrich

Neben der klassischen Doppelnennung existiert eine Sonderform, welche die Unverständlichkeit dadurch steigert, dass die beiden Paarformen nicht durch ein Bindewort (*und, oder, bzw.*) verknüpft, sondern nur durch einen Schrägstrich voneinander getrennt werden. Dadurch entstehen Sätze, die den Lesefluss konterkarieren und kaum mehr sinnvoll laut gesprochen werden können. Um sie zu verstehen, muss man sie dechiffrieren, oder das Auge hüpft über die überflüssigen Formen hinweg; beides erfordert ein hohes Maß an Konzentration. Der Internet-Auftritt der Wiener Gebietskrankenkasse erklärt zum Thema „Therapie Aktiv – Diabetes im Griff" in erhellendem Deutsch: „Die Schulungen werden von den Therapie Aktiv-Ärztinnen/Therapie Aktiv-Ärzten in Zusammenarbeit mit ausgebildeten Diabetesberaterinnen/Diabetesberatern abgehalten, oder

---

101) Zimmer, *Redens Arten*, S. 73

können in den Diabetesschulungseinrichtungen der Wiener Gebietskrankenkasse besucht werden. Nähere Auskünfte dazu gibt Ihnen Ihre DMP-Ärztin/Ihr DMP-Arzt. Natürlich ist diese Schulung für Sie als Patientin/Patient kostenlos.["][102] In einem Deutsch-Lehrbuch des Langenscheidt-Verlags, das insbesondere auf die US-amerikanischen Lernstandards zugeschnitten ist, findet sich folgende Beschreibung für das Spiel „Stille Post": „Schüler/Schülerin 1 sagt einen Satz sehr leise in das Ohr von Schüler/Schülerin 2. Schüler/Schülerin 2 sagt es in das Ohr seines Nachbarn/seiner Nachbarin ... Der/Die Letzte sagt den Satz laut. Ist der Satz gleich wie am Anfang?"[103] Sind solche Sätze wirklich der letzte didaktische Schrei? Glauben die Autoren ernsthaft, derartige Worthäufungen würden den Erwerb der deutschen Sprache erleichtern? Welchen Eindruck von ihrer Muttersprache wollen sie erwecken? Ein österreichischer Verlag beschreibt in einem Deutschbuch die Spielregeln für eine „gelenkte" Diskussion: „Etwa zehn SchülerInnen setzen sich in einen Gesprächskreis, eine/r übernimmt die Diskussionsleitung! Hinter jeder/m steht ein/e BeobachterIn, weitere BeobachterInnen können frei stehen und sich Notizen machen."[104] Dass es solche Sätze in Schulbücher renommierter Verlage schaffen können, zeigt die herrschende Verantwortungslosigkeit und den massiven Einfluss der „Genderismus". Statt Schülern klares, verständliches, ansprechendes Deutsch beizubringen, setzt man ihnen inhaltsarme und praxisferne Satzungetüme vor. Schüler – mit solchen Sprachkonstrukten konfrontiert – werden kaum ein Gefühl für Grammatik, Stil und sprachliche Schönheit entwickeln.

Während die Verwendung von Paarformen bloß sperrig und stilistisch meist inakzeptabel ist, verstößt jene Sparschreibung, bei der nur die maskuline und feminine Endung eines Wortes durch einen Schrägstrich getrennt werden, gegen die Grundregeln der Grammatik. Im *Leitfaden zum geschlechtergerechten*

102) http://www.wgkk.at/portal27
103) Koithan, Ute; Scherling, Theo et.al.: *Logisch! Deutsch für Jugendliche, Kursbuch A1*, Berlin u.a. 2009, S. 121
104) Eder-Hantscher/Geisler, S. 99

Sprachgebrauch der Universität Wien findet sich unter Splitting folgender Mustersatz: „Ein/e Gerichtsdolmetscher/in ist ein/e Dolmetscher/in, der/die speziell für Gerichte und Behörden zur Verfügung steht."[105] Derart gestaltete Texte ergeben – wenn sie laut vorgetragen werden – blanken Unsinn. Man kann sie nur mit Mühe verstehen, indem man entweder versucht, die überflüssigen Endungen zu überspringen, oder aber man paraphrasiert den ganzen Satz, indem man die Schrägstrichballungen in normale Paarformen auflöst. Und das müssen wir auch dann tun, wenn wir nur stumm mit den Augen über den Text gleiten. Wir lesen also entweder *Ein Gerichtsdolmetscher ist ein Dolmetscher, der speziell für Gerichte und Behörden zur Verfügung steht* oder *Eine Gerichtsdolmetscherin bzw. ein Gerichtsdolmetscher ist ein Dolmetscher bzw. eine Dolmetscherin, der bzw. die speziell für Gerichte und Behörden zur Verfügung steht.* Beide Vorgänge lenken die Konzentration erheblich vom Inhalt des Textes ab. Hinzu kommt, dass bei vielen Bezeichnungen die Abtrennung des „-in" oder „-innen" durch einen Schrägstrich auch beim besten Willen unmöglich ist: Soll nun von *Kollegen/innen* oder von *Kolleg/innen*, von *Autoren/innen* oder von *Autor/innen*, von *Interessenten/innen* oder von *Interessent/innen* die Rede sein? Und wie ist es bei Franzosen? Wenn in einem Zeitungsartikel von der Durchführung eines Eingriffs „durch einen dazu befugten Arzt/Ärztin"[106] die Rede ist, wird deutlich, dass sich selbst Zeitungsredaktionen oft nicht um Grammatik scheren. Ob etwas korrekt oder lesbar ist, interessiert oft niemanden, solange dem Genderwahn Tribut gezollt wird.

---

105) Fischer, Beatrice; Wolf, Michaela: *Leitfaden zum geschlechtergerechten Sprachgebrauch.* Zur Verwendung in Lehrveranstaltungen und in wissenschaftlichen Arbeiten, Zentrum für Translationswissenschaften, Universität Wien 2009, S. 5, Online im Internet: http://transvienna.univie.ac.at/fileadmin/user_upload/fak_ translationswissenschaft/Diplomarbeitenanleitung/Geschlechtergerechtes_ Formulieren_FischerWolf.pdf
106) Husslein, Peter; Langer, Martin: *Die Beschneidung: (K)eine Operation wie jede andere.* – In: Die Presse, 24.8.2012, S. 30

In den Richtlinien für geschlechtergerechtes Formulieren der Stadt Bregenz wird folgender Mustersatz angeführt: „Für jedes Fachgebiet gibt es eine/n eigene/n Verantwortliche/n."[107] Offenbar wissen auch die Verfasser des Leitfadens, dass solche Formulierungen unlesbar sind. Denn sie weisen darauf hin, dass derartige Schrägstrichlandschaften „lediglich in Formularen, Verordnungen, Verträgen oder internen Schriftstücken wie Protokollen, Aktenvermerken, Kurzmitteilungen etc. verwendbar"[108] seien. Bekanntlich zeichnet sich aber gerade das Amtsdeutsch auch ohne Genderei durch schwere Verständlichkeit aus. Auch Verträge zählen nicht gerade zu den einfachen Textsorten. Daher drängen sich Fragen auf: Wem ist gedient, wenn schon von ihrem Wesen her mühsame Texte für den Bürger noch unverständlicher werden, indem man sie mit gendergerechter Pseudosprache anreichert? Welcher Nutzen steht dem Schaden, den die Verständlichkeit erleidet, gegenüber? Wie viele Menschen fühlen sich stärker angesprochen, gerechter behandelt, indem sie solches über sich ergehen lassen? Besteht nicht die Gefahr, dass derart verunstaltete Texte viel oberflächlicher gelesen oder sogar gleich weggelegt werden? Kann das im Sinne einer staatlichen Institution sein?

Die Journalistin Ute Scheub meint: „Ich persönlich habe die Schrägstriche nie verwendet, ich sehe sie als Hackebeil-Methode, die die Sprache schlimmer zurichtet als der Metzger das Schnitzel. Die Schrägstrich-Methode wird an Hässlichkeit und Plumpheit nur noch von der Klammer-Methode übertroffen. ‚Bürger(innen)' – wenn man das weibliche Geschlecht in Klammer setzt und damit seine Minderwertigkeit zur Schau stellt, kann man es eigentlich gleich bleiben lassen."[109]

Eine mit dem Schrägstrich verwandte, relativ wenig verbreitete Methode, die Doppelnennung irgendwie zu realisieren, ohne auf

---

107) *Richtlinien für geschlechtergerechtes Formulieren.* Herausgegeben vom Amt der Landeshauptstadt Bregenz, S. 10, Online im Internet: http:// bregenz.gruene.at/fileadmin/bregenz/img/aktionen/gender/Richtlinien.pdf
108) ebda.
109) Scheub, S. 1

zwei Wörter zurückgreifen zu müssen, ist die Einklammerung. In solchen Texten wimmelt es dann eben von *Kolleg(inn)en* und *Student(inn)en*. Diese Darstellung wird aber sehr stark kritisiert, u.a. von der Duden-Redaktion, „weil die Einklammerung den Eindruck erwecke, sie sei zweitrangig und damit weniger wichtig."[110] Davon abgesehen ergeben sich dieselben Probleme wie beim Schrägstrich. Das deutsche Bundesverwaltungsamt hält daher fest: „In zusammenhängenden Texten wird durch die grafische Unterbrechung der Lesefluss gehemmt. Mehrgliedrige Sätze werden dadurch unübersichtlich und schwer verständlich. Schrägstrich und Klammer sollten deshalb nicht in Fließtexten verwendet werden."[111]

Das Binnen-I

Zu Beginn der 80er Jahre des vergangenen Jahrhunderts tauchte in einer linken Schweizer Wochenzeitung eine Schreibweise für Personenbezeichnungen auf, die seither eine beispiellose Verbreitung erfahren hat: das sogenannte Binnen-I. Wie bereits erwähnt, verstößt die Verwendung des großen I im Wortinnern gegen die gültigen Rechtschreibregeln.[112] Dennoch wird es nicht nur in Gesetzestexten, Stellenanzeigen, behördlichen Schreiben etc., sondern ebenso in Lehrwerken verwendet.

Das Binnen-I gilt vielen als elegante und platzsparende Lösung, ihrem Anspruch auf geschlechtssensible Sprache gerecht

---

110) Metz-Göckel, Sigrid; Kamphans, Marion: *Zum geschlechterbewussten Sprachgebrauch. Info-Papier No 3. BMBF-Projekt „Neue Medien in der Bildung – Förderbereich Hochschule"*, Dortmund 2002, S. 5, Online im Internet: http://dimeb.informatik.uni-bremen.de/documents/projekt.gender. Infopapier_No3a.pdf
111) *Sprachliche Gleichbehandlung von Frauen und Männern. Hinweise, Anwendungsmöglichkeitsmöglichkeiten und Beispiele.* (BBB-Merkblatt M 19, Bundesverwaltungsamt, 2. Auflage 2002), S. 14
112) Vgl. Duden-Newsletter vom 7.1.2011 (Online im Internet: http://www.duden.de/sprachwissen/newsletter/duden-newsletter-vom-07-01-11#nachgeschlagen) und Duden, Band 9 (*Richtiges und gutes Deutsch*), Mannheim ⁷2011, S. 418

zu werden. Doch spricht eine erdrückende Zahl an Argumenten gegen dessen Verwendung. Geht man davon aus, dass Sprache nicht primär ein graphisches, sondern ein akustisches Phänomen ist, erkennt man sofort die Grenzen dieses Ansatzes. Denn es muss stets möglich sein, auch geschriebene Sprache sinnvoll und verständlich zu sprechen. In der gesprochenen Sprache funktioniert das Binnen-I aber einfach nicht. Wenn nämlich von *LehrerInnen*, *ProfessorInnen* und *LeserInnen* die Rede ist, dann werden diese Formen in den meisten Fällen als Feminina wahrgenommen. Da weibliche Personenbezeichnungen eindeutig sexusmarkiert sind, kommt es unweigerlich zu Missverständnissen und Falschaussagen. Da dies auch den Verfechtern des Binnen-I bewusst ist, plädieren manche dafür, beim Vorlesen bzw. beim normalen Sprechen den sogenannten Glottisschlag einzusetzen. Dabei handelt es sich um einen kurzen Knacklaut, mit dem das feminine Suffix vom Hauptwort akustisch abgetrennt werden kann: Lehrer-Innen, Professor-Innen, Leser-Innen. Dagegen sind zwei Dinge einzuwenden: Erstens sollten beim Sprechen nur diejenigen Wörter verwendet werden, die es auch gibt. Es gibt das Wort *Lehrer* und es gibt das Wort *Lehrerinnen*. Eine Lautfolge *Lehrer-Innen* (mit Glottisschlag) existiert in der deutschen Sprache hingegen nicht. Was nun aber verlangt wird, ist, genau diese Lautfolge beim Zuhören zu verstehen. Sie muss also vom Hörer in irgendeiner Weise dechiffriert und in seinen vertrauten Wortschatz übertragen werden. Nur wie? Bedeutet die Lautfolge *Lehrer oder Lehrerinnen*? Oder bedeutet sie *Lehrer und Lehrerinnen*? Oder bedeutet sie einfach *Lehrperson*, also dasselbe wie das Wort *Lehrer* (falls man das generische Maskulinum akzeptiert)? Zweitens erfordert sowohl die Aussprache als auch die Wahrnehmung des Glottisschlags eine besondere Konzentration, die in der Praxis kaum gegeben sein dürfte. Aus diesem Grund plädiert sogar die feministische Forscherin Lisa Irmen gegen die Verwendung des Binnen-I. Ihres Erachtens werde es „eher verarbeitet wie ein Femininum"[113]. Im öffentlich-recht-

---

113) Irmen, Lisa: *Diskriminierung und Sprache*. Vortrag 2006 (Psychol.

lichen Rundfunk ist mitunter trotzdem von *Bürgerinnen* und *Musikerinnen* die Rede, wo aus dem Kontext heraus vermutet werden kann, dass die Textvorlage ein Binnen-I enthält. Es handelt sich zwar noch um Einzelfälle, doch stellen solche Fehltritte kaum einen Beitrag zur Sprachpflege dar.

Gravierender als die akustischen Probleme, die sich bei der Verwendung des Binnen-I ergeben, sind die grammatikalischen. Während im Plural meist auf den Artikel verzichtet werden kann bzw. keine Unterschiede zwischen Maskulinum und Femininum bestehen, kommt es im Singular zu unüberwindbaren Widersprüchen. Denn wie sollte z.B. der Satz *Wir brauchen einen Tischler, der den Tisch repariert* unter Zuhilfenahme des Binnen-I genderkonform formuliert (und auch noch gesprochen) werden? Welchen Artikel soll der Ausdruck *TischlerIn* haben? Die einzige, in feministischer Literatur durchaus praktizierte Möglichkeit wäre zu schreiben: *Wir brauchen eineN TischlerIn, der/die den Tisch repariert.* Wohl noch absurder wird die Situation beim Genitiv. Der Satz *Der Arbeitsplatz des Tischlers ist die Werkstatt* lässt sich mit Binnen-I nun einmal nicht ausdrücken. Wie sollte denn der Genitiv von *TischlerIn* lauten?

Aus diesen Gründen schreibt der Sprachwissenschaftler Jochen Bär lakonisch: „Abzulehnen ist das sogenannte Binnen-I."[114] Diese Kurzform wolle, so Bär, zwar maskuline und feminine Formen verstärkt ausdrücken, könne aber „diesen Anspruch nur sehr begrenzt erfüllen, da sie dort, wo eine Verschränkung der maskulinen und der femininen Formen vorliegt [...] die Wortgrenze nicht eindeutig markiert."[115] Als Beispiel führt er den Dativ Plural an, wo „im Maskulinum und im Femininum verschiedene Suffixe erforderlich sind (*Lehrern und Lehrerinnen*) und daher das feminine Suffix nicht für das Maskulinum mitgelten kann (**den LehrerInnen*)."[116] Auf einem Mitteilungsblatt

Inst. Univ. Heidelberg), Online im Internet: http://subnew.unibe.ch/documents/10156/29807/geschlechtergerechte+sprache_vortrag.pdf
114) Bär, S. 158
115) ebda.
116) ebda.

der Österreichischen Nationalbibliothek lesen wir: „das ausge-
füllte Formular mit Bestellschein des/der LeserIn bitte in der
Lade von [...] hinterlegen". In diesem Fall wird die notwendige
Genitiv-Endung „-s" (*Lesers*) unterschlagen, was – vom Verstoß
gegen die Rechtschreibung abgesehen – grammatikalisch unzu-
lässig und im Grunde unlesbar ist; in jedem Fall beleidigt es das
Sprachgefühl.

Wir sehen: Ein großes I im Wortinnern führt zu Lautfolgen,
die kaum akustisch von femininen Formen unterscheidbar sind,
die sich aber v.a. nicht in das Grammatiksystem des Deutschen
einfügen lassen. Daher erscheint selbst unter dem Gesichtspunkt einer sprachlichen Gleichbehandlung der Geschlechter
das Binnen-I als problematisch, was sogar einige feministische
Linguistinnen zugeben. Marlis Hellinger etwa schreibt: „Binnen-I (*RomanheldIn*) führt nicht zu einer symmetrischen Ge-
schlechterverteilung, sondern u.U. zur übermäßigen mentalen
Repräsentanz von Frauen."[117] Und die Feministin Ute Scheub,
Gründungsmitglied der linken Tageszeitung *taz*, meint: „Das
große I wirkt sperrig. Vor allem, wenn so grauenhafte Ableitungen wie 'LeserInnenbriefe' oder 'LehrerInnengehalt' benutzt
werden. Hier vergeschlechtigen wir überflüssigerweise Sachen
und Dinge."[118]

Texte, die unter Verwendung des Binnen-I verfasst wurden,
sind nicht nur schwerer verständlich, sondern für blinde und
sehbehinderte Menschen – immerhin fast 2% der Bevölkerung
– im Internet nicht lesbar, da die Braille-Schrift alle Wörter mit
„-Innen" als Rechtschreibfehler ausweist. Gerhard Höllerer, Jurist und Präsident des Österreichischen Blinden- und Sehbehin-
dertenverbandes (ÖBSV) wettert daher auch gegen sinnloses
Gendern: „Ganz abgesehen davon, dass das eine grobe Benachteiligung für zigtausende Menschen ist, sind auch wir Juristen
verzweifelt über diese Art der Sprachverwirrung. Immer mehr

---

117) Hellinger, *Empfehlungen für einen geschlechtergerechten Sprachgebrauch
im Deutschen,* S. 289
118) Scheub, S. 1

ohnehin schon komplizierte Schriftstücke werden dadurch immer unlesbarer."[119]

Weitere Nachteile des Binnen-I sind von eher untergeordneter Natur: So entstehen drucktechnische Probleme, wo das kleine „L" und das große „I" ähnlich aussehen, so dass ein Wort wie *PolInnen* erhebliche Leseschwierigkeiten verursachen kann. Außerdem gibt es etliche Wörter, deren Femininum nicht durch einfaches Anhängen der Endung „-in" gebildet wird: *Anwalt/ Anwältin, Jude/Jüdin, Biologe/Biologin, Koch/Köchin.* In all diesen Fällen ist die Verwendung des Binnen-I ohnehin sinnlos.

Laut dem Sprachwissenschaftler Jan Seifert offenbart die Benutzung des Binnen-I eine bestimmte politische Einstellung: „Es gibt meiner Meinung nach gewisse Zusammenhänge zwischen der Weltanschauung und der Benutzung solcher Formen."[120] So neigten die „dem linken Spektrum angehörenden Personen" stärker zum Binnen-I „und insgesamt zu politisch korrekten Formen."[121] In der Bevölkerung jedenfalls ist die Akzeptanz marginal und in der Presse, selbst in linksgerichteten Zeitungen, hat es sich nicht wirklich durchgesetzt. Die meisten Internetbrowser bieten auch mittlerweile Erweiterungen an, die sämtliche „-Innen" aus Texten filtern, „um damit für eine bessere Lesbarkeit zu sorgen"[122], wie es auf der Internetseite von „Binnen-I be gone" heißt.

Aber auch in vielen „Behörden und Institutionen ist diese Schreibweise ausdrücklich verboten. [...] Die Bundesregierung hat 1987 eine interministerielle Arbeitsgruppe beauftragt, die Rechtsprache im Hinblick auf sprachliche Gleichbehandlung von Männern und Frauen zu untersuchen und sprachliche

---

119) zitiert nach: Grotte, Werner: *„Sie oder er ihn oder sie".* – In: Wiener Zeitung, 25.6.2009, Online im Internet: http://www.wienerzeitung.at/ nachrichten/oesterreich/chronik/235107_Sie-oder-er-ihn-oder-sie.html
120) Alsarras, Nader: *Binnen-I: Großer Buchstabe, kleine Wirkung?* – In: Deutsche Welle, 9.7.2010, Online im Internet: http://www.dw.de/binnen-i-großer-buchstabe-kleine-wirkung/a-5774426
121) ebda.
122) http://binnenibegone.awardspace.com/

Alternativen vorzuschlagen. Die Arbeitsgruppe kommt u.a. zu dem Ergebnis, dass die ‚Kunstform' mit dem großen I für die Vorschriftensprache ungeeignet sei, weil sie fehleranfällig, keineswegs sprachökonomisch, problematisch in der Genitiv-Deklination sei und sich die optische Wahrnehmbarkeit kaum von dem kleinen ‚i' unterscheide."[123] In den Richtlinien für geschlechtergerechtes Formulieren der Stadt Bregenz heißt es: „Binnen-Majuskeln (Großbuchstaben im Wortinneren) sind nicht zulässig und daher zu vermeiden."[124] In einem aktuellen Leitfaden zur deutschen Rechtschreibung hat die Schweizerische Bundeskanzlei in Absprache mit dem Präsidium der Staatsschreiberkonferenz Binnengroßschreibungen als „nicht regulär" klassifiziert und empfiehlt, diese auf jeden Fall „in einem normalen Fliesstext zu vermeiden."[125]

Zur Erinnerung: Es existieren staatlich approbierte Schulbücher, die sich mitunter durchgehend des Binnen-I bedienen, einer Schreibweise, welche gegen die Rechtschreibung verstößt, grammatikalischer Unfug ist, von namhaften Linguisten Kritik erntet und selbst von einschlägigen Leitfäden staatlicher Institutionen abgelehnt wird. Der Umerziehungswille ist offenbar stark und die Toleranz der Lehrer groß.

Substantivierte Partizipien

Nachdem sich teilweise die Einsicht durchgesetzt hat, dass weder konsequentes Splitting noch das Binnen-I der Kommunikation dienlich sind und beide rasch an die Grenzen der deutschen Grammatik stoßen, hat sich – vor allem im akademischen Bereich

---

123) Metz-Göckel; Kamphans, S. 5
124) *Richtlinien für geschlechtergerechtes Formulieren.* Hg. vom Amt der Landeshauptstadt Bregenz, Juni 2006, S. 13
125) Leitfaden zur deutschen Rechtschreibung. Schweizerische Bundeskanzlei in Absprache mit dem Präsidium der Staatsschreiberkonferenz, Bern 2012, S. 66, Online im Internet: http://www.bk.admin.ch/dokumentation/sprachen/

– die Verwendung sogenannter substantivierter Partizipien durchgesetzt. So darf politisch korrekt nur mehr von *Studierenden* und *Lehrenden* statt von *Studenten* und *Lehrern* die Rede sein.

Bekanntlich verfügt die deutsche Sprache über eine schier unbegrenzte Möglichkeit, Wörter zu substantivieren. Praktisch jede Wortart erlaubt die Bildung eines zugehörigen Substantivs: *rufen* (Verb) – *der Ruf*, *liebend* (Partizip I) – *der/die Liebende*; *betrunken* (Partizip II) – *der/die Betrunkene*; *fremd* (Adjektiv) – *der/die/das Fremde*; *durcheinander* (Adverb) – *das Durcheinander*; *du* (Personalpronomen) – *das Du*; etc.

Die meisten solcher Substantivierungen sind fester Bestandteil des Wortschatzes und gegen ihre Verwendung ist – wo sie korrekt erfolgt – nicht das Geringste einzuwenden. Aus feministischer Sicht haben sie den Vorteil, dass sie zumindest im Plural geschlechtsneutral sind: *die Angestellten, die Berufstätigen, die Jugendlichen* oder *die Wahlberechtigten*. Im Singular entscheidet entweder der bestimmte Artikel (*der/die Angestellte*) oder eine entsprechende Endung ((*ein*) *Berufstätiger* bzw. (eine) *Berufstätige*). Diverse Leitfäden für geschlechtergerechtes Formulieren empfehlen daher die Ersetzung vieler Personenbezeichnungen durch entsprechende Substantivierungen und das Ausweichen auf den Plural. Statt *Arbeitgeber* also *Arbeitgebende*, statt *Forscher Forschende*, statt *Mitarbeiter Mitarbeitende* etc. Mit diesem Ansatz bleiben die Vorschläge zwar auf dem Boden der gültigen Grammatikregeln. Dennoch sind sie zumindest bei der Substantivierung des Partizips I semantisch und stilistisch problematisch. Abgesehen davon, dass die Verwendung des Plurals keineswegs immer sinnvoll oder wünschenswert ist, gehen durch die beharrliche Verwendung solcher Substantivierungen entscheidende Bedeutungsunterschiede verloren. Die substantivierten Partizipien sollen nämlich keineswegs die Sprache bereichern, sondern viele herkömmliche Personenbezeichnungen ersetzen. Es soll eben nicht mehr von *Lesern* und *Teilnehmern*, sondern nur noch von *Lesenden* und *Teilnehmenden* die Rede sein. Und in einem Gerichtssaal sollen sich *Klagende* und *Verteidigende* gegenübersitzen in der Hoffnung, die *Richtenden* mögen gerecht urteilen.

Dass ein *Geretteter* (Partizip II) nicht dasselbe ist wie ein *Retter* und ein *Gefangener* (Partizip II) nicht dasselbe wie ein *Fänger* bezweifelt niemand. Bei der Verwendung des Partizips I hingegen herrscht neuerdings Verwirrung. Dabei bedeutet eine Ableitung, die direkt vom Verb ausgeht (*anfangen – Anfänger*) etwas anderes als eine Ableitung, der das Partizip I zugrunde liegt (*anfangend – Anfangender*). Denn das Partizip I drückt normalerweise den Verlauf eines Prozesses aus (*der zwitschernde Vogel*); bei zwei Vorgängen drückt es Gleichzeitigkeit aus (*Der Hund saß knurrend vor der Hütte.*). Die Ableitung einer Personenbezeichnung aus dem Partizip I zeigt somit an, dass die Person etwas in einem bestimmten Augenblick oder ununterbrochen tut. Deshalb hält die deutsche Sprache in ihrem Differenzierungsreichtum auch substantivierte Partizipien bereit, für die es keine entsprechenden substantivierten Verben gibt: Es gibt zwar *Liebende*, aber keine *Lieber*, *Trauernde*, aber keine *Trauerer*, *Reisende*, aber keine *Reiser* etc. Dasselbe gilt für *Hungernde*, *Notleidende*, *Streikende*, *Flüchtende*, *Wartende*, *Abwesende*, *Vorsitzende*, *Vortragende* oder *Unterrichtende*. Bei all diesen Wörter existiert keine Ableitung auf „-er" und dementsprechend keine movierte Form auf „-in". Der inhaltliche Grund dafür liegt auf der Hand. Menschen, die trauern, tun das meist aus einem konkreten Anlass und de facto ohne Unterbrechung. Ein Mensch, der liebt, den dominiert dieser emotionale Zustand zur Gänze. Dasselbe gilt für Menschen, die hungern. Wer wartet, streikt oder unterrichtet, tut dies eben nur eine gewisse Zeit lang.

Eine Personenbezeichnung, die von einem Verb abgeleitet ist, bezeichnet in der Regel eine allgemeine Eigenschaft, einen Beruf oder ein ähnliches Charakteristikum. Das wird sofort deutlich, wenn wir die jeweiligen Wortpaare betrachten: Ein *Arbeiter* ist etwas anderes als ein *Arbeitender*, ein *Reiter* muss nicht immer ein *Reitender* sein, ein *Träumer* keineswegs stets ein *Träumender* und ein *Singender* beileibe nicht immer ein *Sänger*. Selbst ein *Mörder* ist nur selten ein *Mordender*. Wenn ein aufmerksamer *Leser* eine Pause einlegt und über das Gelesene nachdenkt, ist er in dem Moment kein *Lesender*. Die meisten solcher Ableitungen sind selten, weil sie kaum gebraucht werden. Daher wirken sie oft befremdlich. Wer statt *Flugbegleiter Flugbegleitende*, statt *Verkäufer Verkaufende,* statt *Köche Kochende* und statt *Kenner Kennende* sagt, folgt zwar den Richtlinien einschlägiger Leitfäden, macht sich im Grunde aber lächerlich. Deshalb sind solche Empfehlungen immer unterhaltsam inkonsequent. So empfiehlt der *Sprachleitfaden der FH Campus Wien* beispielsweise zwar statt *Planer* den Ausdruck *Planende*, statt *Benutzer* allerdings die Bezeichnung „benutzende Person" und nicht „Benutzender", ebenso wird statt *Leiter* „leitende Person" und nicht „Leitender" vorgeschlagen.[126]

Das Wort *Studierende* ist mittlerweile mehr als salonfähig geworden, es hat einen beispiellosen Siegeszug angetreten und das Wort *Studenten* im Grunde verdrängt. Trotzdem besteht zwischen beiden ein eklatanter Bedeutungsunterschied, der sich allerdings erst allmählich entwickelt hat. Denn pikanterweise leitet sich das Wort *Student*, das es seit dem Mittelalter im Deutschen gibt, vom lat. „studens" ab, was ein Partizip ist und nichts anderes bedeutet als „studierend". Dennoch: wenn heutzutage von demonstrierenden *Studierenden* die Rede ist, dann ist das ein Verstoß gegen die Logik. Denn die wenigsten Studenten sind in der Lage, gleichzeitig zu studieren und zu demonstrieren. So wird eine wichtige grammatikalische Differenzierungsmöglichkeit aus der Sprache verbannt. Es ist allerdings anzunehmen, dass das Wort *Studierende* mit der Zeit dieselbe Veränderung erfahren wird wie das Wort *Student* und Feministinnen dann womöglich den Ausdruck *Studierendinnen* verlangen werden.

Bedeutungsunterschiede werden aber nicht nur verwischt bei der Verwendung des Partizips I zur Bildung von Personenbezeichnungen. Auch wer z.B. *Wahlberechtigte* statt *Wähler* sagt, ignoriert, dass die beiden Gruppen nie gleich sind. Als *Wahlberechtigte* bezeichnet man die Personen, die wählen dürfen; als *Wähler* diejenigen, die tatsächlich zur Wahl gehen. Und die

---

126) vgl. *Sprachleitfaden. Geschlechtergerechter Sprachgebrauch an der FH Campus Wien*, o.J., S. 18 f., Online im Internet: http://www.fh-campuswien. ac.at

Wählenden sind naturgemäß diejenigen, die gerade ihre Wahl treffen bzw. die Stimme abgeben. Feministische Sprachkritik hat es bedauerlicherweise soweit gebracht, dass dieser Bedeutungsreichtum weder empfunden noch reflektiert wird.

Geschlechtsneutrales Formulieren

Bei vielen Befürwortern des Genderns hat sich mittlerweile die Einsicht durchgesetzt, dass die bisher besprochenen Techniken Verstöße gegen die Grammatik begünstigen und die Texte sperrig, unverständlich, hässlich und oft schlecht lesbar machen. Daher lautet der jüngste Schlachtruf von feministischer Seite, man solle doch einfach kreativ sein und seine Texte so formulieren, dass sie lesbar sind und dennoch als gendergerecht durchgehen können. Dabei stehen neutralisierende Ausdrücke, die keinerlei Rückschlüsse auf den Sexus der Personen zulassen, besonders hoch im Kurs. Exemplarisch seien die häufigsten Vorschläge, wie sie in diversen Leitfäden zu finden sind, aufgezählt:

- Kollektiv- und Institutionsbezeichnungen: *Direktion* statt *Direktor, Leitung* statt *Leiter, Präsidium* statt *Präsident*
- Ableitungen auf „-schaft"[127]: *Beamtenschaft, Ärzteschaft, Kollegenschaft* statt *Beamte, Ärzte, Kollegen*
- Verwendung von Adjektiven: *rollstuhlgerechter Zugang* statt *Zugang für Rollstullfahrer, studentische Mitarbeit* statt *Mitarbeit von Studenten, ärztliche Schweigepflicht* statt *Arztgeheimnis*
- Passivformen: *Für die Bewerbung muss ein Antrag ausgefüllt werden* statt *Die Bewerber müssen einen Antrag ausfüllen*
- Relativsätze: *alle, die teilnehmen* statt *alle Teilnehmer*
- Partizipien: *herausgegeben von* statt *Herausgeber*
- Personen und Kräfte: *Lehrperson* oder *Lehrkraft* statt *Lehrer*

---

127) vgl. Kapitel 4

Grundsätzlich sind solche Formulierungen in vielen Fällen möglich und fallen auch kaum auf, solange sie dasselbe ausdrücken. Wo sie jedoch zum Dogma erhoben werden, drücken sie bloß die Ignoranz gegenüber stilistischen Feinheiten aus und machen die Sprache ärmer. Ein *Präsidium* besteht normalerweise aus mehreren Personen, der *Präsident* hingegen ist nur eine. Der Satz *Du verhältst dich gegenüber deinen Kollegen illoyal* hat einen anderen Klang als der Satz *Du verhältst dich gegenüber deiner Kollegenschaft illoyal*. Ein *rollstuhlgerechter Zugang* muss nicht unbedingt der vorgesehene *Zugang für Rollstuhlfahrer* sein. Passivformen können v.a. in Gesetzestexten Zweideutigkeiten hervorrufen. Denn wenn für die Bewerbung ein Antrag ausgefüllt werden muss, dann ist nicht gesagt, ob dieser unbedingt vom Antragsteller selber ausgefüllt werden muss oder nicht. Selbst der *Leitfaden zur sprachlichen Gleichbehandlung von Frau und Mann* der Universität Zürich warnt: „Zu viele Passivformen wirken unpersönlich. Sie tendieren ausserdem dazu, wichtige Sachverhalte zu verschleiern, da die verantwortlichen Personen oder Gremien, die in Wirklichkeit eine wichtige Rolle spielen, ungenannt bleiben."[128] Niemand würde während einer Veranstaltung sagen: *Alle, die teilnehmen, nehmen bitte wieder ihre Plätze ein*. Sondern kürzer und eleganter: *Alle Teilnehmer nehmen bitte wieder ihre Plätze ein*. Wer, um etwa Wortwiederholungen zu vermeiden, die Wörter *Lehrperson* und *Lehrkraft* neben dem Wort *Lehrer* verwendet, bereichert seine Ausdrucksvielfalt. Wer hingegen das Wort *Lehrer* aus der Sprache eliminieren will bzw. nur für männliche Lehrer gelten lässt, tilgt einen etablierten und klaren Ausdruck.

Die Folge solcher Vorgaben ist eine starke Standardisierung der Ausdrucksweise, da viele Wörter und Formulierungen nicht mehr verwendet werden sollen. So werden Bedeutungsdifferenzen eingeebnet und sprachlicher Reichtum zerstört. Diese Abkoppelung von der Tradition beraubt die Sprache auch ihrer

---

128) *Leitfaden zur sprachlichen Gleichbehandlung von Frau und Mann* (Universität Zürich) 2006, S. 7, Online im Internet: www.avl.uzh.ch/services/download/LeitfadensprachlGleich.2006.pdf

Plastizität. Denn Neutralisierungen machen die Sprache sehr schnell unpersönlich. Statt konkrete Personen zu benennen, wird – auf Kosten von Lebendigkeit und Bildlichkeit – abstrahierenden Konstruktionen der Vorzug gegeben. Der *Mann von der Straße*, der womöglich *Otto Normalverbraucher* heißt und mit *Lieschen Müller* verheiratet ist, ist um so vieles greifbarer und lebendiger als *ein durchschnittliches deutsches Ehepaar*. Der Satz *Jeder Arzt sollte sich um eine gute Beziehung zu seinen Patienten kümmern* ist ansprechend und konkret. Eine Formulierung wie *Aufgabe der Ärzteschaft ist eine gute Beziehung zu den ihr Anvertrauten* ist hingegen matt und trocken. Abgesehen davon bleibt die Frage, ob solche Neutralisierungen dem Wunsch nach mehr Sichtbarkeit von Frauen wirklich gerecht werden.

Radikale Varianten

Eine Minderheit der Sprachreformerinnen plädiert für dermaßen tiefgreifende, gegen das Sprachempfinden gerichtete Eingriffe in die Sprache, dass sie aufgrund de facto nicht vorhandener Akzeptanz kaum Erwähnung finden müssten. Da aber im universitären Bereich und in einigen links-alternativen Kreisen immer wieder Texte herumgeistern, die sich ihrer bedienen, soll kurz auf sie eingegangen werden.

Schon Luise F. Pusch hatte vorgeschlagen, außer bei Artikeln keinen formalen Unterschied zwischen maskulinen und femininen Formen zu machen. „Statt *die Studentin, die Professorin* sollte es fortan *die Student, die Professor* heißen – in Abgrenzung zur männlichen Form *der Student, der Professor*. Zum generischen Genus sollte das Neutrum werden, das immer dann verwendet werden sollte, wenn eine Geschlechtsspezifikation nicht angezeigt wäre."[129] Die neutrale Form sollte also *das Pro-*

---

129) Morales, Miguel Alfonso Torres (Universidad Ricardo Palma, Lima): *Feministische Sprachkritik: Zwischenbilanz*, Leibniz Universität Hannover 2003, S. 5, Online im Internet: http://www.germanistik.uni-hannover.de/fileadmin/deutsches_seminar/publikationen/HAL/hal-15.pdf

fessor heißen. In einer anderen Publikation setzte sie sich dafür ein, das Femininum zur Norm zu erheben; sie plädierte „für das umfassende Feminine: ‚Der Betrieb hat 30 Mitarbeiterinnen, darunter 15 männliche.'"[130] Das – so Pusch – sei „einfach Empathietraining für Männer."[131] Eine Variante dieses Ansatzes zielt darauf, maskuline und feminine Formen abwechselnd und sozusagen gleichberechtigt zu verwenden, *Sänger* und *Sängerin* wären dann bedeutungsgleich. Die Begriffe würden eine Person bezeichnen, die singt bzw. singen kann, und zwar unabhängig vom Geschlecht. Der Verlust bestünde zunächst im Verschwinden einer Bedeutungsdifferenz. Wollte man ein bestimmtes Geschlecht kennzeichnen, müsste man es immer dazusagen. Außerdem gäbe es stets zwei Varianten, also neben *weiblicher* bzw. *männlicher Lehrer* wäre auch *weibliche Lehrerin* und *männliche Lehrerin* richtig. Dass eine solche Idee schon im Ansatz verfehlt ist, sollte deshalb einleuchten, da verschiedene Formen, die dasselbe bezeichnen, sich semantisch unweigerlich auseinanderentwickeln. Das belegt die Sprachgeschichte. Ob man überdies mit einer derartigen Abschaffung einer spezifisch weiblichen Form den emanzipationsbewegten Frauen einen Dienst erwiese, wäre auch zu fragen.

Nachdem der Kampf für die Gleichstellung der Frau aufgrund nicht mehr vorhandener Diskriminierungen offenbar stark an Attraktivität eingebüßt hatte, wurde vor einigen Jahren eine breitere Diskussion über sexuelle Identitäten entfacht. Die Kategorien Mann und Frau gerieten dabei selbst in die Krise. Denn angeblich sind sie keine biologisch vorgegebenen Zustände, sondern bloß irgendwie zufällig gewählte oder anerzogene Verhaltensmuster, so dass eine entsprechende Zuordnung nicht ohne weiteres möglich ist. In den letzten Jahren wurden medizinische oder psychologische Randerscheinungen wie Transgender, Transsexualität und Intersexualität dermaßen ins öffentliche

130) *Das „Binnen-I" – von Frauen gemeuchelt?* – In: Focus Online: http://www.focus.de/kultur/diverses/sprache-das-und132binnen-iund147-von-frauen-gemeuchelt_aid_523103.html
131) ebda.

Bewusstsein gehoben, dass es seither keinen Konsens mehr über Normalität zu geben scheint. Diesem Umstand versucht der Unterstrich als eine besonders kuriose Variante politisch korrekter Schreibweisen Rechnung zu tragen, z.B. *Beamt_in.* „Das soll signalisieren, dass es nicht nur zwei Geschlechter, sondern noch andere sexuelle Identitäten gibt wie Transsexuelle."[132] Es ist verblüffend, wie wichtig manchen Menschen das öffentliche Sichtbarmachen ihrer sexuellen Orientierung oder entsprechender Vorlieben ist.

---

132) ebda.

4. Fehler und Inkonsequenzen

„Die universalistische Geschlechtsneutralität der alten generischen Begriffe befriedigt das Denken in Opfergruppen nicht mehr."

Dieter E. Zimmer, Journalist und Schriftsteller

Zahl- und Mengenangaben

Logische und stilistische Probleme ergeben sich besonders häufig bei Zahlen- und Mengenangaben. Denn immer wenn eine Gruppe, bestehend aus zumindest einem Mann und einer Frau, als Gesamtheit charakterisiert werden soll, bleibt nur der Griff zum generischen Maskulinum. Machen wir uns das an einigen Beispielen klar. Der Satz *Eltern sind die wichtigsten Ratgeber für ihre Kinder* lässt sich nicht sinnvoll gendern, außer man bevorzugt Sätze wie *Väter sind die wichtigsten Ratgeber, Mütter die wichtigsten Ratgeberinnen ihrer Kinder.* Auch ein einfacher Satz wie *Eders sind Österreicher* kann kaum gegendert werden. Denn *Österreicherinnen und Österreicher* ginge an der Sache vorbei. Auch die Umschreibung *österreichische Staatsbürger* funktioniert nicht ohne generisches Maskulinum. Dasselbe gilt für den Satz *Ihre Kinder sind alle Ärzte geworden*, wenn man extrem sperrige Umschreibungen vermeiden will.

Noch schwieriger wird es, wenn eine bestimmte Anzahl aus einer gemischtgeschlechtlichen Gruppe angesprochen werden soll, ohne dass es auf das Geschlecht ankommt – entweder weil es irrelevant oder weil es unbekannt ist. Wenn *zwei Polizisten* zu einem Tatort geschickt werden, dann ist die Aussage klar und das Geschlecht spielt keine Rolle. Dies zu verdeutlichen ist aber praktisch unmöglich. Denn *zwei Polizistinnen oder Polizisten* könnte einerseits heißen „zwei Frauen oder zwei Männer", was nicht unbedingt der Wahrheit entsprechen muss. Wenn aber andererseits *zwei Polizistinnen oder Polizisten* auch den Fall „ein Mann und eine Frau" umfassen soll, dann ist der Plural in beiden Fällen falsch. Wenn also unbekannt ist, ob zwei Männer, zwei Frauen oder ein gemischtes Paar gemeint sind, dann bleiben nur hässliche Verrenkungen übrig, um einen schlichten Sachverhalt auszudrücken.

Dasselbe Phänomen liegt bei einem Satz vor wie *Ich bräuchte bitte drei Schüler, die mir helfen, das Plakat aufzuhängen.* Denn für die geschlechtsspezifische Zusammensetzung bei drei Schülern gibt es insgesamt vier Varianten: 3 Jungen, 3 Mädchen, 2 Jungen und 1 Mädchen oder 2 Mädchen und 1 Junge. Das Problem ist, dass in den ersten beiden Fällen nur eines der beiden Geschlechter vertreten ist. In den anderen beiden Fällen ist aber jeweils ein Geschlecht bloß im Singular vertreten. Weder die Formulierung *drei Schülerinnen und Schüler* noch eine Verknüpfung mit „oder" – *drei Schülerinnen oder Schüler* – empfinden wir daher als befriedigend. Auch Sätze wie *Die beiden Hauptdarsteller blieben unter ihren Erwartungen* oder *Dem Ersten, der diese Aufgabe löst, schenke ich eine Belohnung* funktionieren im feministischen Universum nicht. Im ersten Fall bleibt daher nichts anderes übrig als die Aufzählung (*die Hauptdarstellerin und der Hauptdarsteller*), im zweiten müsste der Satz komplett umgeschrieben werden, will man Formulierungen wie *Dem oder der Ersten, der oder die ...* vermeiden. Selbst alltägliche Formulierungen wie *einer von beiden* oder *da sage einer* oder *wenn einer meint, dass ...* sind unmöglich, sofern man auf das generische Maskulinum verzichtet.

Häufig wird empfohlen, das Indefinitpronomen *jeder* durch *alle* zu ersetzen. Das ist möglich bei Sätzen wie *Jeder will glücklich sein*, wenn man den stilistischen Unterschied außer Acht lässt und stattdessen schreibt: *Alle wollen glücklich sein.* Aber schon die Sätze *Alle Journalisten brauchen eine Story* oder *Alle Menschen brauchen mal ihre Ruhe* haben eine andere Akzentuierung als *Jeder Journalist braucht seine Story* und *Jeder Mensch braucht mal seine Ruhe*. In einem Satz wie dem folgenden schließlich ist eine Umschreibung mit *alle* zum Scheitern verurteilt: *Wenn in einer Beziehung etwas schiefläuft, neigt jeder dazu, den anderen dafür verantwortlich zu machen.* Ein Ausweichen auf den Plural ist nicht möglich, da es nicht heißen kann ... *neigen alle dazu, die anderen dafür verantwortlich zu machen.* Aber auch ein Splitting führt uns – eine heterosexuelle Beziehung vorausgesetzt – nicht weiter. Denn wenn wir versuchen zu schreiben, ... *neigt jeder/ jede dazu, den anderen/die andere dafür verantwortlich zu machen,* so wäre der Satz – abgesehen von der Lesbarkeit – unlogisch. Der Mann ist für die Frau nämlich nicht „die andere". Und wenn man das generische Maskulinum ablehnt, auch nicht „der andere", denn das Wort „andere" bzw. „anderer" wäre nur dann möglich, wenn Angehörige desselben Geschlechts gemeint sind. „Der andere" bedeutet dann „Der andere Mann", d.h. nicht dieser Mann, sondern eben der andere. Analog bedeutet „die andere": nicht diese, sondern die andere Frau. Nun ist dieses Beispiel nicht sonderlich konstruiert, sondern stellt einen Satz dar, wie er millionenfach an abertausenden Stamm- und Kaffeehaustischen vollkommen selbstverständlich gesprochen wird.

Beziehungen bieten noch andere sprachliche Klippen, sobald man sich auf die feministische Sprachkritik einlässt. Aus deren Sicht ist ein *Partner* grundsätzlich ein Mann. Die Bezeichnung *Ehepartner* kann es also als Plural gar nicht geben. Konsequenterweise ist der Satz *In einer Ehe sollen beide Partner gleichberechtigt sein* unsinnig. Ich überlasse es dem Leser, sich eine geschlechtssensible und brauchbare Alternative auszudenken. Auch der mittlerweile berühmt gewordene Satz *Frauen sind die besseren Autofahrer* setzt das generische Maskulinum voraus. Denn die Behauptung, *Frauen seien die besseren Autofahrerinnen,* stellt einen logischen Widerspruch dar. Radikalfeministinnen hoffen allerdings darauf, dass die Menschen eines Tages sagen werden *Frauen sind bessere Autofahrerinnen als Männer Autofahrer sind.*

Bleiben wir noch kurz bei den Autofahrern. Wenn es in einer Zeitungsüberschrift heißt: *Jeder zehnte Autofahrer war alkoholisiert,* dann ist zweifelsfrei klar, was gemeint ist. Unzählige Sätze dieser Art werden täglich gesprochen oder geschrieben. Wir staunen vielleicht über die Prozentsätze, wir fragen uns, ob die Zahlen wahr sind, welche Relevanz sie haben, ob wir uns freuen oder empören sollen. In den meisten Fällen lesen wir gedankenlos drüber oder lassen die Aussagen an uns vorbeirauschen. Außer Berufsfeministinnen wird aber niemandem auch nur auffallen, mit dem Satz könne geschlechtsspezifisch irgendetwas nicht stimmen. Niemand käme auf die Idee, dass nur männliche Autolenker kontrolliert wurden.

Versuchen wir, diesen Satz nach den aktuellen Idealen zu gendern, wird er in ausnahmslos jedem Fall verunstaltet: zu lang, zu umständlich, unlesbar oder falsch werden. *Jeder zehnte Autofahrer und jede zehnte Autofahrerin war (oder waren) alkoholisiert.* Dieser Satz ist um 10 Silben, d.h. 71% länger, für Zeitungsschlagzeilen also ziemlich unbrauchbar und auch sonst keinem Leser zumutbar, der ja schnell an Informationen gelangen möchte. Vor allem besagt dieser Satz aber nicht dasselbe wie das Original. Denn die Aussage, dass 10% aller Autofahrer zu viel getrunken haben, bezieht sich zwar auf beide Geschlechter, sagt aber nichts über die Verteilung aus. Möglicherweise waren viel mehr Männer als Frauen alkoholisiert – im Durchschnitt eben einer von 10. Die obige Umschreibung hingegen behauptet, dass 10% aller männlichen und dass 10% aller weiblichen Autofahrer alkoholisiert waren. Eine Zeichenfolge wie *JedeR zehnte AutofahrerIn war alkoholisiert* mag das Gemeinte vielleicht ausdrücken wollen, lesbar ist sie nicht. Eine mögliche korrekte Umschreibung wäre vielleicht *10% aller Autofahrerinnen und Autofahrer waren alkoholisiert.* Diese Formulierung ist allerdings um ganze 64% länger als die ursprüngliche. Außerdem kommen durch die Ergänzung *Autofahrerinnen und* 6 Silben hinzu, die keinerlei relevante Information tragen und auch keinen stilistischen Gewinn bedeuten. Mehr als ein Viertel des Satzes besteht bloß aus einem Tribut an den Zeitgeist.

Bei folgendem Satz ist eine derartige Umschreibung gar nicht mehr möglich: *Frauen stellten im Jahr 2012 mehr als 50% aller Hochschulabgänger.* Denn wenn man sagt *Im Jahr 2012 waren mehr als 50% aller Hochschulabgängerinnen und Hochschulabgänger Frauen*, begeht man – abgesehen von der unnötigen Aufblähung des Satzes – einen logischen Fehler. Denn eine solche Formulierung setzt ja voraus, dass *Hochschulabgänger* alle Männer und *Hochschulabgängerinnen* alle Frauen sind. Das bedeutet dann aber: 100% aller *Hochschulabgängerinnen* sind Frauen und 0% aller *Hochschulabgänger* sind Frauen. Wir sehen: nur wenn *Hochschulabgänger* geschlechtsneutral verstanden wird, lässt sich ein solcher Satz formulieren.

Das Vergleichen führt nicht nur bei mehreren Gruppen, sondern auch innerhalb einer Gruppe zu Problemen, wenn man das generische Maskulinum nicht akzeptiert. Der Satz *Frau M. ist der beste Ingenieur in unserer Firma* ist völlig unmissverständlich und für Frau M. eine Auszeichnung. Der Satz *Frau M. ist die beste Ingenieurin* bedeutet einfach etwas anderes und könnte zu Recht als frauenfeindlich aufgefasst werden. Denn er besagt: Unter den weiblichen Ingenieuren ist Frau M. die Beste. Wie gut sie aber im Verhältnis zu ihren männlichen Kollegen ist, darüber sagt der Satz nichts aus. Vielmehr suggeriert er, dass Frau M. eben nur unter den Frauen hervorragt und manche Männer bessere Leistungen erbringen. Vollends unumgänglich wird das generische Maskulinum aber, wenn wir annehmen, dass es in der Firma noch andere Ingenieure gibt, die genauso gut sind oder gar besser als Frau M. Dann muss es heißen: *Frau M. gehört zu den besten Ingenieuren.* Wer hier nämlich im Plural das Femininum verwendet, sagt nur etwas über Frau M.s Erfolg innerhalb der Gruppe weiblicher Ingenieure aus.

Machen wir uns dieses Problem, das im Alltag sehr häufig auftaucht und bei dem der Sprachfeminismus leider schon für recht viel Verwirrung gesorgt hat, nochmals an einem anderen Beispiel klar. Silvia – die eine koedukativ geführte Schule besucht – hat innerhalb ihrer Klasse *als erste* einen Freund gehabt. Hier ist das Femininum vollkommen angebracht und wichtig, da mit dem Wort Freund ausgedrückt werden soll, dass Silvia mit einem Jungen zusammen ist. Sie hatte das Glück *als erste* von den Mädchen ihrer Klasse die intime Zweisamkeit mit einem Burschen zu genießen. Weniger klar – aber aus dem Kontext immerhin noch weitgehend unschwer verständlich – ist der Satz *Silvia ist Klassenbeste.* Vermutlich würden die wenigsten sagen, Silvia sei Klassenbester. Das Substantiv ist so stark, dass klar wird: Silvia erbringt im Schnitt die besten Leistungen. Wenn es hingegen heißt, Silvia sei *die schnellste Schwimmerin*, dann bedeutet das durchaus etwas anderes als der Satz *Silvia ist der schnellste Schwimmer*. Wer diese Unterscheidung nicht trifft, darf sich nicht wundern, dass er in vielen Situationen missverstanden wird.

„Frau Ava, auch Ava von Göttweig oder Ava von Melk [...] ist die erste namentlich bekannte deutschsprachige Dichterin." Dieser Satz – zitiert nach dem entsprechenden Wikipedia-Eintrag – ist richtig und gibt die Realität korrekt wieder. Das ist aber nur der Fall, wenn man das generische Maskulinum anerkennt. Wer nämlich auf dessen starke Funktion verzichtet, müsste in jedem Fall – auch wenn Frau Ava der erste Dichter gewesen wäre – von der ersten Dichterin sprechen. Für so jemanden ist der Satz dann zweideutig und somit ziemlich unklar. Er könnte bedeuten, dass Frau Ava die erste dichterisch tätige Person oder die erste dichterisch tätige Frau gewesen ist, was ein bedeutsamer Unterschied ist. Das Wikipedia-Zitat legt – unter Verwendung des generischen Maskulinums – nahe, dass es eben Männer gab, die früher als Frau Ava dichterisch hervortraten, was auch der Wahrheit entspricht. Frau Ava ist also die erste deutschsprachige Dichterin, aber eben nicht der erste deutschsprachige Dichter. Der Verzicht auf das generische Maskulinum ebnet eine wichtige Bedeutungsdifferenz ein und leistet – nichts. Denn dass Frau Ava eine Dichterin, also eine Frau war, geht aus ihrer Bezeichnung direkt hervor. Wenn sie also als „erste namentliche bekannte deutschsprachige Dichterin" bezeichnet wird, dann handelt es sich weder um eine grammatikalische Notwendigkeit noch um einen Pleonasmus, sondern um einen wichtigen Teil der Satzaussage. Die Behauptung von Senta Trömel-Plötz, der Satz *Ingeborg Bachmann ist der größte Dichter* sei „unmöglich im Deutschen"[133] ist somit falsch. Bedauerlicherweise sind solche

---

133) Trömel-Plötz, Senta: *Frauen und Sprache: Unterschied und Unterdrükkung.* – In: Jahrbuch für Internationale Germanistik, Jahrgang XIV, Heft 2, 1982, S. 84

Aussagen typisch für die Autorin. Wer sich solcher Pseudoargumente bedient, hat aber mit Wissenschaft nichts zu tun.

Das generische Maskulinum führt nach dem bisher Gesagten zu mehr sprachlicher Klarheit, es ermöglicht auch, Frauen sprachlich sehr gezielt und präzise zu erfassen, wo es notwendig oder interessant ist. Der Verzicht auf das generische Maskulinum führt hingegen nicht nur zu logischen Problemen, sondern auch zu einer Aufblähung der Sprache ohne Informations- und Erkenntnisgewinn. Die Aufforderung *Der Nächste, bitte* ist eine alltägliche Formulierung, bei der es nicht darauf ankommt, ob der Nächste ein Mann oder eine Frau ist. Wer stattdessen gendergerecht sagt *Der oder die Nächste, bitte*, macht den Satz um 60% länger. Da aber Sprachökonomie eines der wichtigsten Kriterien dafür ist, ob sich eine Neuerung durchsetzt oder nicht, ist das generische Maskulinum bis heute selbstverständlicher Teil der Alltagssprache geblieben.

Zusammengesetzte Wörter

Im 1. Akt von Beethovens Oper *Fidelio* singt Leonore, bevor sie sich entschließt, ihren Mann aus dem Kerker zu befreien, die bekannten Worte: „Mich stärkt die Pflicht der treuen Gattenliebe." Doch müsste es politisch korrekt nicht heißen *Gattinliebe*? Ist die etwas anderes als die *Gattenliebe*? Oder müsste Leonore gerechter- und konsequenterweise singen: „Mich stärkt die Pflicht der treuen Gattinnen- und Gattenliebe"? Im Kapitel 2 haben wir aufzuzeigen versucht, dass Genus und Sexus nicht verwechselt werden dürfen. Besonders deutlich erkennbar werden die Grenzen des sprachlichen Genderns freilich, sobald wir uns zusammengesetzten Ausdrücken zuwenden. Die Mehrzahl der deutschen Wörter ist durch Wortbildung entstanden, und zwar durch Komposition und Derivation. Im ersten Fall werden meist zwei Wörter zu einem neuen zusammengefügt, im anderen werden bestimmte Vor- oder Nachsilben an bestehende Wörter angehängt. Diese beiden Wortbildungsarten sind ein schlagender Beweis dafür, dass auch eingefleischte Feministinnen in Wirklichkeit Maskulina in vielen Fällen generisch gebrauchen, ohne es allerdings zu merken. Denn unzählige dieser so gebildeten Wörter enthalten als Hauptbestandteil eine Personenbezeichnung, die im Maskulinum steht und geschlechtsneutral verstanden wird. Da sich diese Wörter aber kaum ersetzen lassen und künstliche Alternativen bislang vorwiegend in akademischen Zirkeln ihr Unwesen treiben, fallen sie kaum als Problemkinder auf. Dennoch kann es für denjenigen, der das generische Maskulinum ablehnt, keine andere Konsequenz geben, als sie entweder aus dem Sprachgebrauch zu entfernen oder sie durch feminisierte Formen zu ergänzen, was zu größten Schwierigkeiten und der wohl geringsten Akzeptanz führen würde.

Der Satz *Die Ursache des Unfalls war ein Pilotenfehler* enthält eine klare Aussage, bei der es völlig irrelevant ist, ob der Pilot ein Mann oder eine Frau war. Hartgesottene Feministinnen werden das Wort *Pilotenfehler* für sexistisch halten und ihm den Ausdruck *Pilotinfehler* an die Seite stellen wollen. Solange nicht bekannt ist, ob ein Mann oder eine Frau das Flugzeug gelenkt hat, müsste es dann heißen: *Die Ursache des Unfalls war ein Pilotin- oder Pilotenfehler.* Leider taucht sofort das nächste Problem auf: Singular oder Plural? Denn wenn mehrere Personen das Flugzeug steuern, könnte ein *Pilotenfehler* auch ein *Pilotinnenfehler* sein. Doch abgesehen von der Ästhetik und der Länge wird durch eine solche Formulierung der Fokus auf eine falsche Ebene gelegt. Es interessiert nämlich meist nicht, ob der Unfall von einer Frau oder einem Mann verursacht wurde, sondern ob er durch ein anderes Handeln des Piloten hätte verhindert werden können. Mit anderen Worten: der relevante Gegensatz lautet hier nicht Pilot vs. Pilotin, sondern Pilot vs. andere Unfallursache.

Betrachten wir ein ähnliches Beispiel. Das Wort *Botendienst* bezeichnet einen Dienst, den ein Bote oder mehrere Boten erledigen. Selbstverständlich ließe sich ein *Botinnendienst* erfinden, es stellte sich aber die Frage: Ist ein *Botinnendienst* etwas anderes als ein *Botendienst?* Gibt es eine besondere Qualität, die hinzukommt und beachtet gehört, wenn z.B. Frauen statt Männer Zeitungen austragen? Oder hätte eine solche Bezeichnung nur den Sinn anzuzeigen, dass diese bestimmte Tätigkeit von einer Frau ausgeführt wird? Dann würden eben Männer Botendienste und Frauen Botinnendienste ausführen. Das Fatale aber: Für die Tätigkeit als solche – unabhängig von der ausführenden Person – verschwände ein Wort. In den meisten Fällen ist es nicht nur unwesentlich, wer eine Botschaft an ihr Ziel bringt, sondern dem Sprecher auch nicht bekannt. Wenn eine Firma Botendienste anbietet, dann beschäftigt sie möglicherweise ebenso viele Frauen wie Männer. Wenn die erwartete Sendung beim Empfänger verspätet eintrifft, wird sich dieser über die Qualität des Botendienstes beschweren. Oder wäre es wirklich ein Gerechtigkeitsgewinn, wenn er sich – politisch korrekt – über den *Botinnen- und Botendienst* beschweren müsste? Oder bleibt doch nur der Rückgriff auf das Binnen-I? Aber kann man das Austragen von Zeitungen wirklich als *Boot-Innendienst* bezeichnen?

Nimmt man die Radikalfeministinnen ernst, sind sämtliche der folgenden Wörter sexistisch: *Musikerfamilie, Chefetage, Führerschein, Hausmeisterwohnung, Fußgängerübergang, Fahrerflucht, Nichtraucherabteil, Freundeskreis, Künstlerdasein, Einwohnermeldeamt, Seniorenresidenz, Gangstermethode, Maklerprovision, Märtyrertod, Gasthaus, Anwaltskanzlei, Finderlohn.* Denn in jedem der Wörter steckt eine maskuline Personenbezeichnung, die aus Sicht der Sprachreformerinnen nur Männer bezeichnet. Daher werden wir uns vielleicht schon bald von Ausdrücken wie *Wählergunst, Bürgernähe, Bürgersteig, Bauernzeitung, Pensionistenverein, Aktionärsversammlung, Schülervertretung, Ausländerfeindlichkeit oder Schützenfest* verabschieden müssen. Auch sie trifft das Verdikt: sexistisch. Bemerkenswert allerdings ist, dass dies niemand so empfindet. Die unmittelbare Bedeutung des Ausdrucks ist offenbar (noch) stärker als die Frage nach dem Sexus der innerhalb des Wortes vorkommenden Person.

Zu allen genannten Beispielen ließen sich ja theoretisch weibliche Formen bilden, was auch in der Tat oft vorgeschlagen wird. Statt *Studentenlokal* solle es eben *Studentinnen- und Studenten-*

lokal etc. heißen. Es gibt aber zahlreiche Komposita, bei denen eine gegenderte Form schlicht unmöglich ist. Man denke etwa an die Wörter *Bürgermeister, Chefredakteur, Arbeitervertreter, Patientenbetreuer* oder *Schülerberater*. Denn in all diesen Fällen bestehen beide Wortteile aus Personenbezeichnungen, welche im Maskulinum stehen. Wir erhalten also jeweils vier Varianten für die Zuteilung des Geschlechts. Statt von einem Bürgermeistertreffen müsste gendergerecht von einem Bürgerinnenmeisterinnen-, Bürgerinnenmeister-, Bürgermeisterinnen- und Bürgermeistertreffen die Rede sein. Das ist die Logik sprachfeindlicher Feministinnen. Dass auch das Binnen-I hier nur ein schwacher Rettungsanker wäre, sei bloß am Rande erwähnt.

Die meisten Sprachkritiker pflegen solche Beispiele als grotesk abzutun. Denjenigen, die sie vorbringen, um auf Widersprüche in der Argumentation oder auf mögliche Folgen aufmerksam zu machen, werfen sie vor, die sprachkritischen Anliegen ins Lächerliche ziehen zu wollen. Das habe ich bereits vor 15 Jahren als Studienanfänger während einer Universitätsvorlesung erlebt. Ich konfrontierte damals eine Fachfrau für feministische Sprachkritik mit ernsten, wenn auch heiklen Fragen, worauf sie mir vorwarf, diese seien wohl sarkastisch gemeint, ohne die Fragen zur Zufriedenheit des Auditoriums zu beantworten. Es erscheint mir aber wichtig zu erkennen, dass feministische Sprachvorschläge sich nicht darin erschöpfen, dass wir etwas öfter von Schülerinnen und Studentinnen sprechen und Kellnerinnen nicht mit Fräulein anreden. Wer eine Forderung erhebt, muss diese auch konsequent zu Ende denken. Dass sich während des Nachdenkens die eine oder andere Idee möglicherweise als lächerlich erweist, darf niemanden davon abhalten, sich kritisch mit der Kritik auseinanderzusetzen. Der Vorwurf mangelnder Ernsthaftigkeit scheint meist ein Zeichen argumentativer Schwäche zu sein.

Vielleicht noch deutlicher als bei den Komposita wird die unausweichliche Inkonsequenz der feministischen Sprachreform an abgeleiteten Wörtern sichtbar. Denn selbstverständlich leitet sich etwa das an sich völlig unverfängliche Wort *Freundschaft* von *Freund* ab und nicht von *Freundin*. Es bezeichnet eine Beziehung, wie sie zwischen Freunden üblich ist. Sprachfeministinnen müssten von ihrer *Freundinschaft* sprechen, denn möglicherweise ist eine solche amikale Beziehung zwischen Frauen doch irgendwie anders als zwischen Männern. Wie aber sollte man dann ein vertrautes Verhältnis zwischen einer Frau und einem Mann nennen? Etwa so: *Du hast mich in all den Jahren unserer Freundin- und Freundschaft nie enttäuscht?*

Ähnlich sieht es mit anderen Bildungen mit „-schaft" aus. Lehnt man die neutrale Bezeichnung für Berufe ab, müsste man sich auch an Ausdrücken wie *Lehrerschaft, Kanzlerschaft* oder *Meisterschaft* stoßen. Die Lehrerschaft ist eine Gruppe von Lehrern, die Kanzlerschaft bezeichnet sowohl das Amt als auch die Amtszeit eines Kanzlers (der freilich auch eine Kanzlerin sein kann). Und die *Meisterschaft* verweist darauf, dass eine Person etwas so gut beherrscht wie ein Meister. Wer leugnet, dass *Lehrer, Kanzler* und *Meister* geschlechtsneutrale Bezeichnungen sind, müsste den Satz *Angela Merkel befindet sich im 8. Jahr ihrer Kanzlerschaft* für sexistisch halten und konsequenterweise eine Movierung der obigen Begriffe einfordern. An dem Suffix „-schaft" hängen aber noch weitere Wortbildungen, etwa *freundschaftlich, partnerschaftlich*, aber auch *wirtschaftlich*. Gehören auch sie aus dem politisch korrekten Sprachgebrauch verbannt? Vielleicht wäre das ein *partnerinschaftlicher* Weg, mehr Frauen in *wirtinschaftlich* interessante Positionen zu heben.

Aber selbstverständlich ist die Silbe „-schaft" nicht die einzige, die Probleme bereitet und zurechtgestutzt gehört: Wörter wie *Christenheit* oder *Judentum* bedienen sich genauso ungeniert des generischen Maskulinums wie *heldenhaft* und *unternehmerisch*. Dasselbe gilt für Diminutiva, die sich nur von maskulinen und niemals von movierten Formen bilden lassen: *Freundchen, Lehrerlein*. Und darf eine Frau für ihre Arbeit überhaupt *fürstlich* entlohnt werden? Müssen wir unsere Blumen eines Tages in der *Gärtnerinei* kaufen, wenn wir unsere *bürgerinlichen* Pflichten erfüllen wollen? Ja dürfen wir überhaupt noch miteinander *verfeindet* sein? Wäre *verfeindinet* nicht der zeitgemäße Ausdruck oder müssen doch alle zueinander *freundinlich* sein? Doch ich fürchte, eine solche Aufgabe ist nicht zu *meisterinen*, die Sprache wäre zu wenig *benutzerinfreundinlich*.

Diese Beispiele sind mitnichten an den Haaren herbeigezogen. Sie zeigen bloß auf, in welch absurde Sackgasse die Ablehnung des generischen Maskulinums führt. Und dass Kinder heutzutage sprachlich dazu erzogen werden, wachsam zu sein, maskuline Formen als Bezeichnungen für Männer wahrzunehmen und entsprechend zu vermeiden oder zu ergänzen, daran besteht kein Zweifel.

Negativ besetzte Begriffe

Aufmerksamen Beobachtern ist es nicht entgangen, dass die Forderung nach stärkerer Sichtbarmachung von Frauen fast ausschließlich im Zusammenhang mit positiv besetzten Bezeichnungen oder mit eher attraktiven Berufen erhoben wird. So ist z.B. in der Kirche häufig von *Jüngerinnen* und *Jüngern* Jesu die Rede, viel seltener aber von *Sünderinnen* und *Sündern*. Dasselbe gilt für die Medien und den öffentlichen Diskurs. Es wird vehement eingefordert, von *Lehrerinnen und Lehrern, Schülerinnen und Schülern, Managerinnen und Managern* etc. zu sprechen, selten von *Straßenfegerinnen* und *Straßenfegern* oder von *Maurerinnen* und *Maurern*, obwohl in beiden Berufen Frauen unterrepräsentiert sind.

Bei negativ besetzen Wörtern kommen weibliche Formen fast nie vor: *Zuhälterinnen, Holocaust-Leugnerinnen, Geldfälscherinnen, Mörderinnen, Einbrecherinnen, Räuberinnen* und *Kinderschänderinnen* scheint es ebenso wenig zu geben wie *Schwarzfahrerinnen, Alkoholikerinnen* und *Verbrecherinnen*. Und von *Stümperinnen* und *Versagerinnen* habe ich auch noch nie etwas gehört. Fast immer fehlt neben dem *Spießbürger* die *Spießbürgerin*, auch von *Strohfrauen* und *Hinterfrauen* ist nie die Rede. Alle diese unsympathischen und bösen Kerle sind scheinbar selbstverständlich Männer. Und keine Verfechterin der vorgeblichen Gleichberechtigung setzt sich für die Verwendung dieser weiblichen

Bezeichnungen ein. Wer behauptet, die deutsche Sprache sei in irgendeiner Weise frauenfeindlich, mache sich bewusst, wie viele negative Bezeichnungen und Schimpfwörter fast ausschließlich auf Männer Anwendung finden, und niemand scheint etwas dabei zu finden und weibliche Formen einzufordern: *Sittenstrolch, Lümmel, Saufbold, Bengel, Habenichts, Lump, Nichtsnutz, Gauner, Trottel, Störenfried, Schelm, Weichei, Grünschnabel, Bösewicht, Tölpel, Rotzlöffel, Halunke, Schlingel, Schurke, Schuft, Jammerlappen, Pfennigfuchser, Sesselfurzer* und *Milchgesicht* – lauter missratene Männer.

Zugleich werden weibliche Personenbezeichnungen, welche Frauen in ein unerwünschtes Licht rücken, als sexistisch kritisiert und ihre Abschaffung gefordert. Dieser Widerspruch ist entlarvend. Der Verdacht liegt nahe, dass es nicht darum geht, Frauen generell in der Sprache sichtbarer zu machen, sondern nur dort, wo es aus ideologischen Gründen wünschenswert erscheint.

Tücken der Etymologie

Sogenannter geschlechtssensibler Sprachgebrauch möchte nicht nur die Verwendung des generischen Maskulinums überwunden wissen, nicht nur eine sexuelle Durchdringung der sprachlichen Kommunikation durch permanente Nennung beider Geschlechter, sondern auch die weitgehende Verbannung des sogenannten männlichen Prinzips aus der Sprache. Zu diesem Zweck liegen unzählige Formulierungen auf der Schlachtbank feministischer Sprachkritik zur Hinrichtung bereit – und das nur deswegen, weil sie angeblich die falschen Assoziationen wecken. Dabei ist es eine ziemlich kühne Behauptung, verbreiteten, sehr häufig verwendeten Wörtern zu unterstellen, sie förderten Vorstellungsinhalte, die weder mit ihrer Bedeutung noch mit ihrer Etymologie etwas zu tun haben.

Oft spielt uns die Sprachgeschichte Streiche. Sie legt aufgrund lautlicher Ähnlichkeiten Verbindungen nahe, die sich bei eingehender Forschung als falsch herausstellen. Solche im Volksmund recht verbreiteten Fehldeutungen sprachlicher Entwicklungen werden als Volksetymologie bezeichnet. So leitet sich das Wort *Sintflut* nicht von Sünde ab und die Bezeichnung *Zigeuner* hat nichts mit ziehenden Gaunern zu tun. Dass das Wort *dämlich* nicht von Dame kommt, wie mancher Macho scherzhaft behauptet, dürfte sich längst herumgesprochen haben. Vielmehr ist es mit dem bayrisch-schwäbischen Ausdruck „damisch" verwandt und leitet sich wohl von „temulentus", dem lateinischen Wort für „berauscht" ab. Dass aber die Bezeichnung *herrlich* nicht von Herr kommt, sondern sich aus „hehr" entwickelt hat, was ursprünglich soviel bedeutete wie „erhaben, ehrwürdig, heilig", ist viel weniger bekannt. Freilich soll gar nicht geleugnet werden, dass das Wort *herrlich* frühzeitig unter den Einfluss von Herr gelangte. Aber abgesehen davon, dass beim Ausruf *Welch herrlicher Tag heute!* kein Mensch an einen Mann denkt, darf man auch all die Ableitungen wie *herrisch, herrschen, Herrschaft, Schirmherrschaft* oder *Beherrschung* nicht vergessen, welche sehr unterschiedliche Bedeutungen haben. Wenn in einem Raum *Stille herrscht*, dann hat der Vorstellungsinhalt nicht das Geringste mit einer männlichen Person zu tun. Ebenso verhält es sich, wenn jemand ein Instrument *beherrscht* oder sich in *Selbstbeherrschung* übt.

Obwohl die Etymologie eindeutig gegen den Vorwurf maskuliner Omnipräsenz spricht, werden etliche Wörter ernsthaft bekämpft. So findet man in einschlägigen Kreisen den Ausdruck *vertöchtern*, welcher das Wort *versöhnen* ersetzen soll, obwohl *versöhnen* nichts mit Söhnen zu tun hat, sondern sich von „Sühne" herleitet. Nach derselben Logik müsste es neben *vernichten* auch *verneffen* geben.

Besonders grotesk und massiv sprachschädigend ist der Kampf gegen die Indefinitpronomen *man, jedermann, jemand* und *niemand*. Die meisten Menschen werden Vorschläge zur Eliminierung dieser Wörter vermutlich als völlig überzogen und lächerlich abtun, sie sind aber von namhaften Feministinnen aufgestellt worden und sind absolut ernst gemeint. Zwar ist die Lautfolge *frau* bislang nur in feminstischen Kreisen verbreitet, in den Empfehlungen der Stadt Wien zur sprachlichen Gleichstellung von Frauen heißt es aber: „Bitte achten Sie bei unpersönlichen Fürwörtern wie ‚jemand', ‚jeder', ‚keiner', ‚niemand' darauf, dass auch diese Hinweise auf das Geschlecht der handelnden Personen geben."[134] Diese Aussage ist schlicht falsch. Bereits im *Grammatisch-kritischen Wörterbuch der hochdeutschen Mundart* von Johann Christoph Adelung, dem Standardwerk für deutsche Grammatik im 18. Jahrhundert, heißt es unter dem Stichwort *man* unzweideutig: „ein unbestimmtes Pronomen, welches nur allein conjunctive mit der dritten einfachen Person eines Zeitwortes gebraucht wird. Es bestimmt von dem Subjecte, welches es ausdruckt, weiter nichts, als daß solches zum menschlichen Geschlechte gehöre, ohne übrigens die Zahl, das Geschlecht, oder sonst einen andern Umstand auszudrucken."[135] Ähnliches findet sich im Grimmschen Wörterbuch und allen nachfolgenden Lexika. Es lassen sich viele literarische Belege finden, wo sich das Pronomen *man* ausdrücklich auf Frauen bezieht. Die Wörter *jemand* und *niemand* sind Ableitungen von *man*.

Mit welchem Recht beanspruchen Feministinnen für sich, besser zu wissen, was *man* und ähnliche Wörter bezeichnen, als sämtliche Sprachschulen und Wörterbücher der vergangenen drei Jahrhunderte? Wenn ein Schreiber das Wörtchen *man* verwendet, dann steht er in einer jahrhundertelangen Tradition; er gebraucht das Wort mit der Absicht, irgendeine nicht näher spezifizierte Person zu bezeichnen und dies wird auch von allen anderen so verstanden. Wie ist es da möglich, dass Personen überhaupt ernst genommen werden, die sich mit einem selbstgerechten intellektuellen Gehabe aufs hohe Ross setzen und behaupten, das Geschriebene bedeute in Wirklichkeit etwas ganz anderes, als vom Schreiber intendiert? Das, was dieser ausdrücken wolle, müsse er daher ganz anders formu-

---

134) *Leitfaden für geschlechtergerechtes Formulieren und eine diskriminierungs-freie Bildsprache*, Kurzfassung, Wien 2011, S. 3, Online im Internet: http://www.wien.gv.at/medien/pid/pdf/leitfaden-formulieren-bf-kurz.pdf
135) Adelung, Band 3 (M-Scr), S. 41

lieren. Die Wiener Stadtverwaltung empfiehlt, man solle statt „Man wundert sich ..." lieber „Viele wundern sich ..." sagen.[136] Natürlich ist eine solche Empfehlung ein Unsinn. Denn die beiden Sätze bedeuten schlicht etwas Unterschiedliches. Die Behauptung, dass sich *viele über die Inkompetenz mancher Bürokraten wundern*, mag stimmen oder nicht. Die Aussage hingegen *Man wundert sich über die Inkompetenz* drückt zum Beispiel aus, dass sich auf jeden Fall der Sprecher selbst wundert. Es wird suggeriert, dass sich auch noch andere wundern, aber eine klare Aussage über Zahl oder gar Geschlechterverhältnis derjenigen Gruppe, die sich möglicherweise auch wundert, wird nicht getroffen.

Wie könnte die Alternative zu den Wörtern *jemand* und *niemand* aussehen? Eine Umschreibung mit „ein Mensch" bzw. „kein Mensch" wäre wohl die einzige Lösung. Ganz alltägliche Sätze würden dann gendergerecht so lauten: Statt *Ich vertraue niemandem mehr* hieße es *Ich vertraue keinem Menschen mehr*; statt *Kann mir bitte jemand helfen?* müssten wir fragen: *Kann mir bitte eine Person helfen?*; und der Satz *Ich suche jemanden, der mir hilft* müsste umgeschrieben werden zu *Ich suche einen Menschen, der mir hilft*. In allen drei Fällen kommt mindestens eine Silbe hinzu, was zwar nach wenig klingt, so kurze Sätze aber immerhin um mindestens 10% länger macht.

Stellen wir uns nun eine gemütliche Mittagsrunde bei Kaffee und Mehlspeisen vor. Der Gastgeber, ein älterer Herr mit guten Manieren, fragt: *Möchte noch jemand ein Stück Kuchen haben?* Niemand käme auf die Idee, irgendwer würde dadurch diskriminiert werden. Doch wie würde es klingen, wenn die Frage hieße: *Möchte noch ein Mensch ein Stück Kuchen haben?* Klar, völlig unpassend. Auch eine Umschreibung mit „eine Person" klänge seltsam. Und wie müsste seine Reaktion ausfallen, nachdem alle Anwesenden auf ein weiteres Kuchenstück verzichtet haben und er beweisen wollte, kein Sexist zu sein? Müsste er dann statt *Aha,*

---

136) *Leitfaden für geschlechtergerechtes Formulieren und eine diskriminierungsfreie Bildsprache*, Kurzfassung, Wien 2011, S. 3

also niemand mehr sagen: *Aha, also kein Mensch mehr?* Selbst das völlig unverfängliche *keiner* entspräche aus feministischer Sicht nicht dem Ideal der Geschlechtslosigkeit. Sollte unser Gastgeber also womöglich sagen: *Aha, also keine und keiner mehr?* Wäre das der Fortschritt, von dem die (meist weiblichen) Sprachrevolutionäre träumen?

Interessant in diesem Zusammenhang ist, dass auf die Pronomina *jemand* und *niemand* folgende substantivierte Adjektive und Pronomina standardsprachlich im Neutrum stehen (*jemand/ niemand Fremdes* bzw. *anderes*), im süddeutschen Sprachgebiet aber das Maskulinum bevorzugt wird (*jemand/niemand Fremder* bzw. *anderer*). Folgt auf das Pronomen ein entsprechender Nebensatz, dann wird grundsätzlich das Maskulinum verwendet: *Ich kenne jemanden, der gerne Röcke trägt.* Dasselbe gilt für Sätze wie *Ich kenne niemanden, der Probleme mit der Prostata hat.* In allen diesen Fällen gibt allenfalls der Kontext Auskunft über das Geschlecht der Person. Problematischer als die mangelnde Eleganz, die unausweichlich wäre, würde man diese kleinen Wörter aus der Sprache verbannen, ist die Tatsache, dass sich gewisse Dinge ohne sie gar nicht richtig sagen lassen. Denn Sätze wie *Es ist schön, jemanden an seiner Seite zu haben* wären dann nicht mehr möglich. Selbst wenn wir „jemanden" durch „einen Menschen" ersetzen, ist das Possessivpronomen „seiner" männlich und daher aus feministischer Sicht abzulehnen. Bleibt nur: *Es ist schön, einen Menschen an der eigenen Seite zu haben.*

Dass sich nicht einmal die Feministinnen selber über die Frage einig sind, wie sie solche Pronomina einstufen sollen, ist mitunter ein Anlass zum Schmunzeln. So sagt Ute Scheub in einem ihrer Vorträge: „Ich habe beispielsweise das Wort ‚keiner' aus meinem Wortschatz gestrichen. Aus: ‚Keiner von den Dozenten, die zum Arzt gingen, war wirklich krank' wird in konsequent geschlechtsneutralem Jargon: ‚*Niemand* [Hervorhebung von mir] von den Lehrkräften, die sich ein ärztliches Attest besorgten, war wirklich krank.'"[137] Was die einen als sexistisch brandmar-

---

137) Scheub, S. 5

ken und daher verdrängen wollen, nennen die anderen einen „konsequent geschlechtsneutralen Jargon".

Die Sprache bietet uns einen einzigartigen Differenzierungsreichtum, den es sich lohnt zu bewahren. *Jemand* oder *niemand* sind neutrale Bezeichnungen, die sich nicht einfach durch „ein Mensch" oder „kein Mensch" ersetzen lassen. Bei der Frage *Möchte noch ein Mensch ein Stück Kuchen haben?*, bei der es ja wirklich nur um den Kuchen geht, wird der Fokus in unverhältnismäßig hohem Maße auf den Menschen gelegt. Die meisten würden eine so formulierte Frage eher als ironisch oder stilistisch unangemessen empfinden, obwohl sie von der Silbenzahl her nicht einmal länger ist.

Zur Klarstellung: Etymologisch haben die Wörter *man* und *Mann* denselben Ursprung, nämlich die Bezeichnung für Mensch, was etwa auch im englischen Wort „mankind" sichtbar ist. Möglicherweise ist die entsprechende indogermanische Wurzel mit „mens", dem lateinischen Wort für Denkkraft, Geist verwandt. Die Urbedeutung wäre demnach so viel wie „denkendes Wesen". Während *man* seine umfassende Bedeutung bewahrt hat, änderte *Mann* diese und bezeichnet nun meistens eine „männliche Person". In Redewendungen wie *der kleine Mann*, *mit Mann und Maus* oder *etwas an den Mann bringen* ist der alte Sinn allerdings noch erkennbar.

Auch im Wort *Mannschaft* hat sich die Bedeutung „Mensch" erhalten. Das ist der Grund dafür, dass es zwar das Wort *Frauenmannschaft* gibt, nicht aber den Ausdruck *Frauschaft*. Und deshalb kann auch von einer *gemischten Mannschaft* die Rede sein, was andernfalls ein Widerspruch wäre. Auch der Duden definiert *Mannschaft* konsequenterweise als „Gruppe von Sportlern oder Sportlerinnen" sowie als „Arbeitsteam" – in jedem Fall also geschlechtsübergreifend.

Die Opposition Mann-Frau ist also keineswegs in allen Fällen richtig. Nur am Rande sei vermerkt: eine *Jungfrau* ist nicht die weibliche Form zu *Jungmann*, ebenso wenig ist die *Hauptfrau* streng genommen die weibliche Form zu *Hauptmann*, ist jene doch in polygamen Gesellschaften die rang-

höchste von mehreren Ehefrauen eines Mannes. Das Wortpaar *Feuerwehrmann-Feuerwehrfrau* hingegen bildet einen
richtigen Gegensatz.

Aber selbst dort, wo keine falsche Etymologie angenommen
wird, muss man erkennen, dass die ursprünglichen Bedeutungen entweder unbekannt oder zumindest beim Sprechen nicht
gegenwärtig sind. Selbstverständlich entstanden die meisten
Wörter in einer völlig anderen Zeit und griffen auf Erfahrungen und Vorstellungsinhalte vergangener Epochen zurück. Der
Sprachwandel führt aber unweigerlich dazu, dass sich der Sinn
der Wörter an die jeweiligen Bedürfnisse anpasst. Zu verlangen, Wörter früherer Zeiten aus dem Wortschatz zu verbannen,
weil sie seinerzeit eine aus heutiger Sicht unerwünschte Gesell-
schaftsordnung widerspiegelten, wäre genauso absurd wie der
Vorschlag, alte Kirchen niederzureißen, nur weil heutzutage
ein anderes Religionsverständnis herrscht als im Mittelalter.

Wer sich ärgert und eine Sache als *verhext* bezeichnet, träumt
weder von besenschwingenden alten Weibern noch von bren-
nenden Scheiterhaufen. Der Junge, der sich als eines von
zwei *Geschwistern* bezeichnen lassen muss, wird nicht diskriminiert, auch wenn *Geschwister* eine Ableitung von *Schwester*
ist. Wer sagt, Deutsch sei seine *Muttersprache*, denkt nicht an
die Mutter, sondern an die Sprache. Ebenso wie bei den Wörtern *Löwenanteil, hundemüde, haargenau* und *wunderbar* die
ursprünglichen Bilder kaum abgerufen werden. Und auch die
Milchmädchenrechnung ist alles andere als sexistisch, da es keine Milchmädchen mehr gibt und der entsprechende Vorstellungsinhalt längst in den Untiefen der Sprachgeschichte ver-
sunken ist. Mit gleichem Recht könnte man die Redewendung
jemanden durch den Kakao ziehen als unschicklich bezeichnen,
nur weil „Kakao" in diesem Zusammenhang eigentlich „Ka-
cke" bedeutet.

Simone de Beauvoir wünscht sich im Schlusssatz ihres feministischen Opus magnum, „dass Männer und Frauen über ihre
natürlichen Unterschiede hinaus unmissverständlich ihre Brü-

derlichkeit behaupten"[138]. Offenbar hat sie noch gewusst, dass das Wort *Brüderlichkeit (fraternité)*, das immer wieder als Beispiel für den Sexismus der Sprache herhalten muss und mittlerweile in Konkurrenz mit der künstlichen *Geschwisterlichkeit* treten musste, mitnichten Frauen ausschließt. „Brüderlichkeit, das war indessen eine Eigenschaft, die niemals nur Männern zugedacht war. Sie war etwas durchaus Geschlechtsunspezifisches, das gleiche wie die (jüngere) Solidarität. Etymologisch war sie eine bloße Metapher: Geht miteinander um, wie Brüder im seltenen Idealfall miteinander umgehen, fürsorglich. Daß Frauen zu diesem Verhalten unfähig seien, sagte das Wort so wenig, wie es Väter und Söhne und andere Verwandtschaftsgrade ausgrenzte. Und jetzt? Wird geselligen Zechern die Verschwisterung abverlangt?"[139]

Wer hier reinen Tisch machen will, müsste hart durchgreifen. Es wäre keine Kleinigkeit, sämtliche historisch gewachsenen Vergleiche und Metaphern, die etwas mit dem Geschlecht von Personen zu tun haben, aus dem Sprachgebrauch zu eliminieren. Wörter wie *Muttersprache, Vaterland* oder *Mutterland* müssten durch *Bezugspersonensprache* oder *Elternland* ersetzt werden. Bevor wir uns in Kapitel 6 weiteren gravierenden Folgen der feministischen Sprachkritik auf die deutsche Sprache zuwenden, sei ein Blick auf einen Zweig der Sprachwissenschaft geworfen, der sich empirischer Methoden bedient, um Kommunikation und Verstehen wissenschaftlich zu untersuchen: die Psycholinguistik.

---

138) Beauvoir, Simone de: *Das andere Geschlecht. Sitte und Sexus der Frau*, Reinbek bei Hamburg [6]2006, S. 900
139) Zimmer, Dieter E.: *Die Sprache der PC*. – In: Die Zeit, 23.2.1996 Online im Internet: www.d-e-zimmer.de/PDF/1996pcsprache.pdf, S. 6

5. Psycholinguistik

„Die Fakten stimmen leider empirisch und theoretisch kaum, und eine Benachteiligung (von wem auch immer) durch die Sprache als solche ist kaum vorstellbar."

Miorita Ulrich, Sprachwissenschaftlerin

Fragwürdige Methodik

Seit einigen Jahren wird versucht, mit sogenannten psycholinguistischen Untersuchungen empirisch nachzuweisen, dass das generische Maskulinum in Wirklichkeit eine pseudogenerische Form darstelle, die keinesfalls auf beide Geschlechter bezogen werden dürfe. Dabei bedient man sich einer möglichst nebulosen, akademisch überfrachteten Terminologie. Mal ist der Untersuchungsgegenstand der „gedankliche Einbezug" von Frauen, ein andermal ist von deren „mentaler" oder „kognitiver Repräsentation" die Rede. Während die einen falsche „kognitive Konstruktionen" oder noch schwammiger „Vorwissensstrukturen [...], die das männliche Geschlecht bevorzugen"[140] kritisieren, stoßen sich die anderen an den „kognitiven Verzerrungen durch das generische Maskulinum"[141]. Manche wissenschaftlichen Arbeiten postulieren eine stärkere sprachliche „Sichtbarkeit von Frauen in Bereichen der Gesellschaft wie Politik oder Kultur"[142], andere wiederum problematisieren Sätze wie *Die Stadt Koblenz hat 110.000 Einwohner* dahingehend,

---

140) Klimmt, Christoph; Pompetzki, Verena; Blake, Christoph: *Geschlechterrepräsentation in Nachrichtentexten: Der Einfluss von geschlechterbezogenen Sprachformen und Fallbeispielen auf den gedanklichen Einbezug von Frauen und die Bewertung der Beitragsqualität.* – In: Medien & Kommunikationswissenschaft, 56. Jahrgang, Heft 1, Hamburg 2008, S. 5
141) Döring, Nicola: *Männliche Formen.* – In: Aviso Nr. 33, Juni 2003, S. 28
142) Stahlberg, Dagmar; Sczesny, Sabine: *Effekte des generischen Maskulinums und alternativer Sprachformen auf den gedanklichen Einbezug von Frauen.* – In: Psychologische Rundschau, 52 (3), 2001, S. 134

dass sie die Frage stellen, ob eine solche Aussage „die Bildung von Vorrangkonzepten für Männer als Prototypen der Einwohnerschaft beeinflusst."[143]

Was solche Worthülsen in Wirklichkeit bedeuten sollen, erfährt man in den Arbeiten nie. Klar ist aber: Es wird nicht gefragt, was ein Wort, ein Satz, eine Formulierung bedeutet. Auch spielt es keine Rolle, wie die Mehrheit der Frauen die deutsche Sprache empfindet. Stattdessen wird der Anspruch erhoben, erklären zu können, wie bestimmte Ausdrücke verstanden werden und was sie im Kopf auslösen. Dabei kommt es vor allem darauf an, ob sie die politisch korrekten Vorstellungen verlässlich transportieren. Sprachliches Verstehen aber ist ein höchst subjektiver Vorgang und extrem kontextabhängig. Die jeweilige Situation, die Art, wie etwas gesprochen wird, der Stil des Geschriebenen: sie alle beeinflussen den Vorgang des Verstehens von Sprache in ebensolchem Maße wie unsere Erfahrungen, Meinungen und Wünsche. Daher sind solche Untersuchungen schon im Ansatz verfehlt. Sie setzen voraus, bestimmte Wörter würden ganz bestimmte Bilder und Assoziationen hervorrufen. Das widerspricht jeglicher Erfahrung. Je nach Fragestellung, je nach Kontext, je nach Umgebung lassen sich ganz unterschiedliche Vorstellungen wecken. Das Wort *Feierabend* kann – je nach Situation und Tonfall – eine Feststellung, ein freudevoller Ausruf, eine Bitte oder eine überraschte Frage darstellen. Wer sich dem Phänomen Sprache zuwendet und sich aus dem empirisch-statistischen Korsett befreit, erkennt, dass Sprache viel zu komplex, viel zu unergründlich ist, als dass man Bedeutung mit akademisch aufgeblähten Begriffen wie „mentale Repräsentation" dingfest machen könnte.

Doch abgesehen davon sind derartige empirische Untersuchungen, die man als verzweifelten Versuch des Feminismus deuten könnte, die eigene Ideologie wissenschaftlich zu unter-

---

143) Klein, Josef: *Der Mann als Prototyp des Menschen – immer noch? Empirische Studien zum generischen Maskulinum und zur feminin-maskulinen Paarform.* – In: Adam, Eva und die Sprache. Beiträge zur Geschlechterforschung, Mannheim 2004, S. 296

mauern, methodisch sehr problematisch. Ihre Ergebnisse sind widersprüchlich, oft statistisch unhaltbar, mitunter trivial.

Zunächst darf die Unvoreingenommenheit des wissenschaftlichen Standpunkts angezweifelt werden. Es ist bekannt, dass durch geschickte Fragestellungen praktisch alles bewiesen werden kann, wie beispielsweise die Ergebnisse einander widersprechender Meinungsumfragen immer wieder zeigen. Der bekannte Statistiker Walter Krämer warnt daher vor empirischen Studien aller Art:

> Viele [...] Statistiken sind falsch. Einige sind bewußt manipuliert, andere nur unpassend ausgesucht. In einigen sind schon die reinen Zahlen falsch, in anderen sind Zahlen nur irreführend dargestellt. Dann wieder werden Äpfel und Birnen zusammengeworfen, Fragen suggestiv gestellt, Trends fahrlässig fortgeschrieben, Raten, Quoten oder Mittelwerte kunstwidrig berechnet, Wahrscheinlichkeiten vergewaltigt oder Stichproben verzerrt, so daß Lüge und Statistik für viele zusammengehören wie Pat und Patachon.[144]

Und der Wissenschaftsjournalist David Freedman weist in seinem bemerkenswerten Buch *Falsch* auf ein allgemeines, gravierendes Problem wissenschaftlicher Forschung hin:

> Im Katechismus der Wissenschaft steht [...], dass ein Wissenschaftler bei seiner Forschungsarbeit nicht auf bestimmte Erkenntnisse aus sein soll. Dagegen halten Kenneth Weiss und seine Kollegen von der Pennsylvania State University fest, was alles in die Überzeugungen von Forschern eingeht, nämlich ,all die Eitelkeiten, all der Eigennutz, die vagen Gefühle und Erfahrungen, die politischen Überlegungen, das Karrieredenken, die Taktiken der Akquirierung von Forschungsgeldern, die konkurrierenden Seilschaften, all die Unvollkommenheiten und das Milieu, mit dem Wis-

---

144) Krämer, *So lügt man mit Statistik*, München 7/2005, S. 10

senschaftler zu tun haben, die zu irgendeinem Zeitpunkt an etwas forschen.[145]

Angesichts dieses – offenbar weltweit geltenden – Befundes ist Skepsis angebracht. Und das besonders in einem Fach wie der Linguistik, das sich erstens prinzipiell nicht darauf berufen kann, naturwissenschaftlichen Standards zu genügen, und das zweitens in höchstem Maße ideologiegefährdet ist. Nimmt man hinzu, dass fast alle feministischen Forscher Frauen mit einem vorgefassten weltanschaulichen Standpunkt sind, darf man so manche Aussage getrost relativieren. In kaum einer Arbeit wird der ideologische Standpunkt verhehlt. So wird unkritisch die gesellschaftliche Benachteiligung von Frauen vorausgesetzt und die deutsche Sprache für die „Kodifizierung einer androzentrischen Ideologie"[146] verantwortlich gemacht. Auch ist unübersehbar, dass sich die Autoren bestimmte Ergebnisse wünschen und mit der jeweiligen Untersuchung beweisen wollen, was sie ohnehin zu wissen glauben. Dass die meisten Arbeiten, die sich als empirisch-wissenschaftlich ausgeben, letztlich in politisch motivierte Appelle ausarten, macht die Zahlenwerke nicht glaubwürdiger. In einer als Dissertation approbierten Arbeit etwa wird ein „sprachpolitischer Veränderungsprozess"[147] gefordert. Nach Meinung der Autorin „sollte die Wirklichkeit so konstruiert werden, dass Frauen darin in allen Bereichen vorkommen und vorstellbar sind"[148]. Begründung: „Eine Benachteiligung der Frauen durch den Sprachgebrauch beeinträchtigt jedenfalls in hohem Ausmaß ihre Identität, da die fehlenden Frauen-Konstruktionen die Möglichkeit einer selbstbewussten Eigendefini-

---

145) Freedman, David H.: *Falsch. Warum uns Experten täuschen und wie wir erkennen, wann wir ihnen nicht vertrauen sollten.* Aus dem Engl. von Jochen Lehner, München 2010, S. 156
146) Hellinger, Marlis: *Feministische Sprachpolitik und politische Korrektheit – der Diskurs der Verzerrung,* S. 2
147) Kusterle, Karin: *Die Macht von Sprachformen, Perzeptionsanalysen zur sprachlich beeinflussten Konzeptualisierung von Gender,* Diss. Univ. Graz 2010, S. 198
148) Kusterle, S. 192

tion erschweren."[149] Irgendwie seltsam, dass ich noch nie eine Frau getroffen habe, die Probleme mit ihrer selbstbewussten Eigendefinition aufgrund fehlender Frauen-Konstruktionen hat. Bemerkenswert aber auch, dass solche Sätze den Anspruch auf Wissenschaftlichkeit erheben.

Eine andere Schwäche all dieser Studien ist mathematischer Natur. In den Arbeiten, die den Beweis der „frauenbenachteiligenden Rolle der Grammatik"[150] zu erbringen versuchen, sind die verwendeten Stichproben nicht repräsentativ und daher aus statistischer Sicht unbrauchbar. Zum einen ist die Stichprobengröße, also die Anzahl der an den Studien beteiligten Personen, in allen mir bekannten Fällen viel zu klein, um valide Aussagen über die gesamte Bevölkerung der deutschsprachigen Länder zu machen – und nur das wäre interessant.[151] Zum anderen wurden die meisten Studien ausschließlich oder doch überwiegend mit Studenten durchgeführt. Und es spricht nichts dafür, dass dabei wenigstens die verschiedenen Studienrichtungen im richtigen Verhältnis berücksichtigt wurden. Da aber die deutsche Sprache von Menschen unterschiedlichen Alters, Bildungsgrads, Berufs etc. gesprochen wird und die Konsequenzen feministischer Sprachpolitik alle betreffen, wäre eine Beteiligung breiter Bevölkerungsschichten an derartigen Studien unverzichtbar.

Abgesehen von der fragwürdigen Motivation ihrer Organisatoren und der mangelnden statistischen Aussagekraft gilt es, ein weiteres grundsätzliches Problem solcher empirischer Studien zu bedenken. Jede der mir vorliegenden Untersuchungen ist aus dem Kontext der Kommunikation herausgerissen. Was aber sagen Prozentsätze, die aus der Auswertung von Fragebögen, aus der Messung diverser Reaktionszeiten auf vorgegebene Bilder oder aus der Zählung ausgewählter Vornamen ermittelt werden, über zwischenmenschliche Kommunikation und die sprachliche Qualität von Texten aus? Und nur um diese sollte es gehen, wenn

---

149) Kusterle, S. 191
150) Klein, S. 19
151) Bei einer Gesamtheit von mehreren Millionen sind Stichproben unter 1000 Befragten von sehr geringer Aussagekraft.

wir über Sprache nachdenken. Auf der einen Seite stehen Studenten und ihre Antworten während einer sprachfeministischen Untersuchung an einem Universitätsinstitut. Auf der anderen Seite begegnen wir der Lebendigkeit der Sprache: Wir hören den lockeren Plauderton zweier Bekannter, die Schimpfwörter bei einem Streit, die mahnenden Worte eines Lehrers, wir erfreuen uns an der pointierten Formulierung eines Zeitungsartikels, an den spannenden Beschreibungen eines Kriminalromans oder der kraftvollen Metapher in einem Gedicht. Zwischen der Sphäre der Wissenschaft und jener der gelebten Sprache herrscht eine so gewaltige Kluft, dass die Aussagekraft der meisten Studien von vornherein äußerst begrenzt ist.

Weitere Probleme fallen auf: Viele Studien verwenden das generische Maskulinum in Situationen, wo es eher unüblich ist. Gegenteilige Beispiele, wo es als selbstverständlich empfunden wird, fehlen naturgemäß. Auch müssen die Fragestellungen und das Konzept der „mentalen Repräsentation" kritisiert werden. Was bedeutet „Sichtbarkeit von Frauen" in der Sprache konkret? Eine überzeugende Definition bleiben sämtliche Studien schuldig. Die meisten bedienen sich vielmehr eines eleganten Tricks: Da sie nicht sagen können, was sie unter mentaler Repräsentation und gedanklichem Einbezug wirklich verstehen, definieren sie diese als das, was ihre empirische Untersuchung messen soll, beispielsweise der geschätzte Prozentsatz von Frauen in einer Gruppe, die in einem Text beschrieben wurde. Die so gemessenen Größen werden als maßgeblich für die Geschlechtergerechtigkeit der deutschen Sprache erklärt. Dabei beißt sich aber die Katze in den Schwanz. Denn eine Messung von etwas, das nur durch das verwendete Messinstrument definiert wird, ist irrelevant. Es bedürfte zumindest – wie etwa bei der Intelligenz – eines Standards. Nur so würden wiederholte Messungen zu identischen Ergebnissen führen und wären verschiedene Tests miteinander vergleichbar. Um die Sinnhaftigkeit der Untersuchungen zu belegen, müsste man außerdem nachweisen, dass die Testergebnisse in irgendeinem relevanten Zusammenhang mit der Realität stehen. Bei der Intelligenz etwa gibt es eine Reihe von Faktoren (schulischer Erfolg, sozio-ökonomischer Status, soziale Kompetenz), die stark mit dem IQ korrelieren. Welcher, das Leben der Menschen prägende Faktor korreliert aber mit den Prozentsätzen, die bei einer psycholinguistischen Testung ermittelt wurden?

Wie erfassen wir Texte?

Ein Wort oder ein Satz kann sehr unterschiedliche Vorstellungen, Assoziationen und Bilder auslösen. Die Behauptung, bei einer Gruppenbezeichnung würde man sich stets eine Gruppe konkreter Menschen vorstellen – und diese auch noch nach Geschlecht differenziert – ist äußerst fragwürdig. Überhaupt ist die Annahme, wir würden Sätze, Inhalte primär imaginativ wahrnehmen und dann auch noch so, dass wir das Geschlecht der vorkommenden Personen in den Mittelpunkt unserer mentalen Wahrnehmung rücken, vollkommen unbewiesen und auch höchst unwahrscheinlich. Bei einer allgemeinen Aussage steht vielmehr der abstrakte Inhalt im Vordergrund. Durch Tests wie die angesprochenen wird die Kategorie Sexus in Situationen überhaupt erst evoziert, wo sie entweder irrelevant ist oder zumindest nicht das Bewusstsein beherrscht. Der Satz *Die Demonstranten harrten stundenlang vor dem Ministerium aus* löst wohl nur sehr vage Vorstellungen aus. Der Fokus liegt jedenfalls auf der Menge, nicht auf der Einzelperson. Aussehen, Körpergröße, Alter oder Geschlecht sind kaum relevante Größen. Wenn aber in einer Studie die Teilnehmer aufgefordert werden, den Anteil von Frauen an der Demonstration zu schätzen, erweist sich der Ansatz als manipulativ. Denn durch die Fragestellung wird die Kategorie Geschlecht überhaupt erst ins Bewusstsein gehoben, obwohl die Satzaussage auf einen ganz anderen Inhalt zielt.

In dem Satz *Wir brauchen mehr Spitzenleistungen unserer Hochschulabsolventen* liegt der Fokus auf den Leistungen. Die Alternative *Wir brauchen mehr Spitzenleistungen unserer Hochschulabsolventen und -absolventinnen* ist nicht nur um mehr als ein Drittel länger, sie lenkt vor allem den Blick in einer völlig unangebrachten Weise auf das Geschlecht der Absolventen. Dabei geht es aber nicht um den Vorstellungsinhalt Mann/ Frau, sondern um den Gegensatz Spitzenleistungen vs. Durchschnittsleistungen. *Australischen Wissenschaftlern ist nach eigenen Angaben ein Durchbruch bei der Entwicklung künstlicher Augen gelungen.* Liest man diese Schlagzeile in der Zeitung, freut man sich vermutlich über den medizinischen Fortschritt: die Entdeckung steht im Vordergrund. Man versucht sich die künstlichen Augen vorzustellen, wundert sich, wie das gehen soll, malt sich vielleicht aus, wie das bei einem selber wäre und überlegt, ob man einen blinden Menschen kennt, dem man so etwas gönnen würde. Vielleicht stellt man sich kurz die Landkarte Australiens vor, vermutlich huscht auch das Bild eines medizinischen Laboratoriums durchs Bewusstsein und wir denken an weiß bekittelte Menschen vor Mikroskopen. Mit Sicherheit spielt dabei das biologische Geschlecht der Mitglieder dieser vollkommen anonymen Gruppe keine Rolle. Die Information „Australische Wissenschaftler" sagt so wenig über die Personen aus. Wir wissen nicht, ob die Forschergruppe groß oder klein ist, wir wissen nichts über das Alter, die Herkunft und den sozialen Status der einzelnen Personen, nichts über ihren Charakter, ihr Temperament und ihren Gesundheitszustand. Vielleicht sitzt einer von ihnen im Rollstuhl, vielleicht ist einer von ihnen selber auf einem Auge blind; vielleicht gehört einer zur Volksgruppe der Aborigines, vielleicht, vielleicht, ... Die Forderung, die Wissenschaftlerinnen in dieser Gruppe (sofern es mehr als eine gibt) explizit zu erwähnen, stellt eine Gruppenkonstruktion dar, die mit dem Inhalt der Nachricht nichts zu tun hat. Doch offenbar halten viele das Denken in allgemeinen, sexusübergreifenden Kategorien weder für möglich noch für wünschenswert.

Was überdies häufig vergessen wird, ist, dass der Zwang zur umfassenden Sexualisierung der Sprache und damit des Bewusstseins, keineswegs als gerecht empfunden werden darf. Denn auch andere Gruppen könnten geltend machen, sie seien in der Sprache „unsichtbar" und müssten explizit erwähnt werden: Kinder, Alte, Schwarze, Einwanderer, Reiche, Arme, Rothaarige, Geschiedene, Homosexuelle etc. Man muss sich schon fragen: Wozu diese Fixierung auf die Kategorie Geschlecht?

Bezeichnenderweise werden bestimmte relevante Fragen in den in Rede stehenden Untersuchungen gar nicht gestellt. Betrachten wir fünf ganz alltägliche Sätze, wie sie etwa in Medien häufig vorkommen: *Viele Europäer zieht es wegen guter Jobchancen nach Deutschland. – Alle Radfahrer sollten aufgrund der erheblichen Verletzungsgefahr einen Helm tragen. – Jeder dritte Einheimische ist adipös, jeder sechste hat Diabetes. – Als Tourist in Rom darf man sich neben den Sehenswürdigkeiten natürlich auch die kulinarischen Genüsse nicht entgehen lassen. – Zur Sozialkompetenz gehört in einem Unternehmen ein einfühlender und kontaktfreudiger Umgang mit Kunden, Mitarbeitern und Kollegen.* Alle Beispiele verwenden das generische Maskulinum. Es wäre eine Untersuchung wert, Frauen zu befragen, ob sie sich in solchen Sätzen wirklich nicht angesprochen fühlen, und zwar dergestalt, dass sie das Gefühl haben, es sei nicht von ihnen die Rede. Die Antwort auf diese Frage wäre wohl das wichtigste Kriterium, wenn man versucht, eine frauengerechte Sprache zu erfinden und zu begründen. Dass die allermeisten Menschen – sofern sie nicht feministisch sensibilisert sind – niemals auf die Idee kämen, mit solchen Sätzen könnte etwas nicht stimmen oder sie würden jemanden diskriminieren, wissen aber wohl auch die Kämpfer gegen das generische Maskulinum. Deshalb wird man auf eine solche Untersuchung wohl noch länger warten müssen.

Der Satz *Die Autofahrer sollten endlich rücksichtsvoller fahren* hat eine eindeutige Aussage. *Die AutofahrerInnen sollten ...* Da stutzt man, weil man sich wundert, wieso in diesem Zusammenhang nur von Frauen die Rede ist, bis man vielleicht die Geschlechtergerechtigkeit dahinter erfasst. Im Falle eines Splittings würden die *Autofahrerinnen und Autofahrer* in dem Satz eine so dominante Stellung einnehmen, dass der Kern der Aussage in der Wahrnehmung geschwächt würde. Wichtig wären seriöse Studien, welche die Auswirkungen einer sexualisierten Sprache auf die Erfassung der Satzaussage untersuchen.

Fragwürdige Ergebnisse

Die Ergebnisse der Studien wimmeln oft von Widersprüchen und methodischen Unzulänglichkeiten. Bei einer Untersuchung über die *Geschlechterrepräsentation in Nachrichtentexten*[152] sollten die Versuchspersonen den Frauenanteil bei einer Demonstration sowie innerhalb der Ärzteschaft schätzen, nachdem sie einen entsprechenden Zeitungsartikel gelesen hatten. Der Artikel wurde den Teilnehmern in einer gegenderten und einer klassischen Version vorgelegt. Das Ergebnis:

> *Personen, die die Artikelversion mit gleichberechtigter Schreibweise gelesen hatten, schätzten den Anteil weiblicher Demonstrierender rund drei Prozentpunkte höher ein als die Leser/innen der Artikelversion mit generischem Maskulinum.*[153]

Bei der Ärzteschaft hingegen hatte die gegenderte Form auf die Schätzung des Frauenanteils „keinen signifikanten Einfluss."[154] Wir sehen, der Unterschied ist – wenn überhaupt vorhanden – lächerlich gering. Mehr noch: er konnte in der Studie „nicht gegen den Zufall abgesichert werden"[155]. Außerdem wird einerseits in dem Aufsatz behauptet, dass „zwischen männlichen und weiblichen Versuchspersonen hinsichtlich des gedanklichen Einbezugs von Frauen"[156] ein Unterschied bestehe, andererseits kommt die Arbeit nach einer Wiederholung des Testdurchgangs mit nur geringen Änderungen zu dem Schluss:

---

152) Es irritiert ein wenig, dass in der Studie wohlweislich nur auf geschriebene Nachrichtentexte Bezug genommen wird, obwohl Rundfunk und Fernsehen ebenfalls wichtige Medien darstellen. Offenbar ist den Autoren aber bewusst, dass Gendern beim Sprechen noch schwieriger ist und auf noch weniger Akzeptanz stößt als beim Schreiben.
153) Klimmt et.al., S. 18
154) ebda., S. 14
155) ebda., S. 18
156) ebda., S. 17

Hatte die Verwendung der gleichberechtigten Schreibweise in Experiment 1 nur eine marginale Wirkung auf Frauen, dafür aber eine umso stärkere Wirkung auf Männer, so zeigte sich im Rahmen der zweiten Studie eine gleichförmigere Beeinflussung der Versuchspersonen beider Geschlechter.[157]

Allerdings – so wird betont – „bewegen sich diese Wirkungen im Bereich weniger Prozentpunkte."[158]

Angesichts solcher Unsicherheiten ist es nicht verwunderlich, dass eine andere Studie zum gegenteiligen Ergebnis kommt. Auch hier ging es um die Geschlechterzusammensetzung innerhalb von Gruppen, „je nachdem ob diese Gruppe zuvor im generischen Maskulinum oder in anderen Sprachformen beschrieben wurde."[159] Nach der Lektüre eines Zeitungsberichts über einen wissenschaftlichen Kongress sollte der Prozentsatz der weiblichen Kongressteilnehmer geschätzt werden. Das Ergebnis:

Während sich die männlichen Befragten in dieser Studie durch die Sprachversion in ihren Schätzungen des Prozentsatzes von Kongreßteilnehmerinnen nicht beeinflussen ließen, nannten die weiblichen Befragten einen signifikant höheren Anteil weiblicher Kongreßteilnehmer in der Bedingung ‚Beidnennung' als in der Bedingung ‚Generisches Maskulinum', aber auch als in der Bedingung ‚neutrale Formulierung'.[160]

Nur am Rande sei vermerkt: Es ist schon recht amüsant, dass in einem Aufsatz, der offensiv gegen das generische Maskulinum gerichtet ist, dieses an einer entscheidenden Stelle ganz selbstverständlich vorkommt: von „weiblichen Kongreßteilnehmern" zu sprechen setzt voraus, dass *Teilnehmer* auch Frauen sein können. Entscheidend ist aber die manipulative Conclusio der Studien-

---

157) ebda., S. 18
158) ebda., S. 21
159) Stahlberg; Sczesny, S. 133
160) ebda.

autorinnen: „Die Studie zeigt damit zunächst, daß für einen Teil der Befragten – hier die Frauen – Frauen weniger leicht vorstellbar waren, wenn der Text im generischen Maskulinum verfaßt wurde."[161] Erstens führte auch die von vielen favorisierte und als gendergerecht klassifizierte „neutrale Formulierung" nicht zu einer höheren Schätzung des Frauenanteils und zweitens ist die Behauptung, Frauen wären hier von Frauen „weniger leicht vorstellbar" natürlich Unsinn. Selbstverständlich sind die Frauen vorstellbar, ihr Anteil in einem ganz spezifischen Kontext wurde eben anders eingeschätzt. Das ist etwas völlig anderes.

Wie viele vor ihr ist auch Karin Kusterle in ihrer Dissertation aus dem Jahr 2011 bemüht zu beweisen, „dass ein signifikanter Unterschied zwischen der gedanklichen Einbeziehung von Frauen bei generisch maskulinen und bei Alternativformen"[162] vorherrscht. In ihrer Studie wurden die Probanden aufgefordert, zu verschiedenen Kontexten passende weibliche oder männliche Personennamen zu erfinden. Das Ergebnis war wenig sensationell, und es drängen sich Fragen auf:

- Wenn – wie behauptet – „das generische Maskulinum überwiegend männliche Vorstellungen auslöst"[163], weshalb wurden dann in einem von drei untersuchten Kontexten beim generischen Maskulinum mehr weibliche als männliche Vornamen genannt?
- Wenn – wie behauptet – das Genus der Bezeichnungen entscheidenden Einfluss auf die Vorstellungen vom Sexus der Personen hat, weshalb werden dann bei geschlechtsneutralen Bezeichnungen nicht gleich viele Männer wie Frauen genannt? Einmal kamen beim generischen Maskulinum sogar mehr Frauen vor als bei der Neutralform, was unter obiger Prämisse nicht erklärbar ist.
- Wieso wurden bei der Beidnennung außer im Bereich Eishockey – also einem zutiefst männerdominierten Kontext

---

161) ebda.
162) Kusterle, S. 136 f.
163) ebda., S. 180

– deutlich mehr Frauen genannt als Männer, wo doch laut Theorie die Beidnennung zu einer „gerechten" mentalen Repräsentation führen sollte?

• Ist es nicht legitim, angesichts des mitunter agitatorischen Stils der Arbeit an der Unvoreingenommenheit der Autorin zu zweifeln?

Auch Josef Klein versuchte die „Gerechtigkeit" der Paarformen gegenüber dem generischen Maskulinum nachzuweisen, musste aber zu dem Schluss kommen, dass „obwohl die grammatische Struktur der feminin-maskulinen Paarform die Testpersonen geradezu aufdringlich darauf stößt, dass der jeweiligen Personengruppe Frauen in gleichem Maße wie Männer angehören"[164], dennoch in den meisten Fällen „das Übergewicht männlicher Geschlechtsspezifizierung"[165] erhalten bleibt. Nur in einem Beispiel kam es zu einer Verschiebung der Präferenz zugunsten der Frauen durch die Paarform. Bei einer anderen Testaufgabe war bei den Paarformen „sogar eine minimale Verschiebung zugunsten männlicher Geschlechtsspezifizierung"[166] zu beobachten. Mit anderen Worten: Ob sich Menschen bei Personenbezeichnungen häufiger Männer oder Frauen vorstellen, liegt nicht primär an der Sprache. Überhaupt scheint der Einfluss der sprachlichen Form bei Weitem überschätzt zu werden. So sollten in der bereits erwähnten Studie von Stahlberg und Sczesny aus dem Jahr 2001 insgesamt 12 Prominente genannt werden. Stand die Aufforderung im generischen Maskulinum, wurden durchschnittlich 2,4 Frauen genannt, bei Beidnennung waren es im Mittel 2,7. Das entspricht einer minimalen Steigerung des Frauenanteils von 20% auf 22,5%. Aufgrund der geringen Effekte resümiert Klein: „Eine Verabsolutierung der frauenbenachteiligenden Rolle der Grammatik lässt sich [...] nicht halten."[167]

---

164) Klein, S. 302
165) ebda.
166) ebda, S. 303 f.
167) ebda., S. 305

Wir sehen: die Aussagekraft aller dieser Untersuchungen ist äußerst begrenzt, ihre Ergebnisse sind meist sehr dürftig. Selbstverständlich streicht die explizite Nennung weiblicher Formen heraus, dass auch von Frauen die Rede ist. Dies ist geradezu trivial. Kein Mensch würde ernsthaft etwas anderes behaupten. Das macht Frauen aber weder sichtbarer noch unsichtbarer, sondern betont einfach einen Aspekt – nämlich das Geschlecht –, auf den es meistens gar nicht ankommt. Das Problem ist, dass die Aufforderung, einem im generischen Maskulinum geschriebenen Text beispielsweise konkrete Personennamen zuzuordnen, erst die Kategorie Sexus ins Bewusstsein des Lesers hebt. Die Funktion des generischen Maskulinums, das Übergeschlechtliche und Allgemeine auszudrücken, wird durch den Zwang, sich für Männchen oder Weibchen entscheiden zu müssen, bewusst zerstört. Dieser Umstand wird sogar von feministisch ausgerichteten Wissenschaftlerinnen kritisiert. Sie lehnen daher Studien ab, bei denen Probanden aufgefordert werden, sich für ein Geschlecht zu entscheiden. „Nur Studien ohne Aufforderungscharakter können [...] darüber Aussagen machen, wie generisch maskuline Bezeichnungen ohne Festlegung auf eine Geschlechtskategorie interpretiert werden"[168], heißt es etwa in einer 2005 veröffentlichten Arbeit. Dass daher dort, wo der Fokus bewusst auf das Geschlecht der Person gelegt wird, das generische Maskulinum im Durchschnitt mehr männliche Assoziationen weckt als eine explizite Nennung von Frauen, ist wenig überraschend, sind doch maskuline Formen schillernde Zwitterwesen. Logischerweise werden sie häufiger spezifisch maskulin aufgefasst als etwa die Beidnennung, sobald eine Festlegung auf das Geschlecht verlangt wird. Doch nicht einmal dieses Minimalergebnis kann von allen Studien bestätigt werden. Mitunter führt das generische Maskulinum sogar zur Nennung von mehr weiblichen Personen als alternative Formen. Auch die Verwendung des Binnen-I wird von den wenigsten Feministinnen in Frage gestellt, obwohl es weder etwas mit gutem Stil noch etwas

---

168) Zitiert nach: Kusterle, S. 129

mit sprachlicher Gleichstellung zu tun hat. In einer Studie von Stahlberg und Sczesny wurden beim Binnen-I mehr Frauen genannt als in der Bedingung Beidnennung.

Fragwürdige Interpretationen

Alle aufgezählten Einwände konnten den feministischen Ansatz bislang nicht erschüttern. Im Gegenteil, viele Autoren versuchen trotz fragwürdiger Methoden und widersprüchlicher Daten ihre Ergebnisse manipulativ darzustellen. So schreiben etwa die Sozialpsychologinnen Stahlberg und Sczesny am Ende ihres Aufsatzes angesichts einer recht mageren Ausbeute zusammenfassend: „Der Gebrauch des generischen Maskulinums im Deutschen *kann* [Hervorhebung von mir] dazu führen, daß Frauen gedanklich in geringerem Maße einbezogen oder repräsentiert werden."[169] Trotzdem heißt es im Abstract, also dem wohl am häufigsten gelesenen Teil der Arbeit: „Über alle Experimente hinweg zeigte sich, daß bei Personenreferenzen im generischen Maskulinum ein geringerer gedanklicher Einbezug von Frauen zu beobachten war als bei alternativen Sprachformen."[170]

Im Jahr 2007 erschien eine Studie, bei der ein Lückentext bearbeitet werden sollte. „Bei drei von acht Textlücken wurden generisch maskuline Formulierungen häufiger als die anderen zur Auswahl stehenden Varianten gewählt."[171] Im darauffolgenden Absatz lesen wir die gegenteilige Behauptung. Unverblümt heißt es dort, dass „generisch maskuline Formen im Vergleich zu den Alternativen durchgängig seltener gewählt wurden."[172] Übrigens zeigte sich in dieser Studie, dass die von feministischer Seite be-

---

169) Stahlberg; Sczesny, S. 137
170) ebda., S. 131
171) Steiger, Vera; Irmen, Lisa: *Zur Akzeptanz und psychologischen Wirkung generisch maskuliner Personenbezeichnungen und deren Alternativen in juristischen Texten.* – In: Psychologische Rundschau, 58, 2007, S. 193
172) ebda.

sonders präferierte Paarform sowie das Indefinitpronomen *man* „am wenigsten Anklang fanden".[173]

In einer Untersuchung von Irmen und Kaczmarek aus dem Jahr 2000 wurde die Lesezeit von Sätzen gemessen. Der erste Satz enthielt ein Subjekt im generischen Maskulinum, der zweite Satz nahm auf dieses Subjekt Bezug, und zwar entweder „generisch, spezifisch maskulin oder spezifisch feminin."[174] Obwohl die Unterschiede nur Bruchteile von Sekunden aufwiesen, war das Ergebnis ein starkes Argument für das generische Maskulinum. Denn: „Die kürzeste Lesezeit ergab sich bei Sätzen im generischen Maskulinum, während die inhaltliche Spezifizierung – maskulin oder feminin – zu längeren Lesezeiten führte."[175] Das bedeutet im Klartext: Das Maskulinum wurde – zumindest in den untersuchten Kontexten – gegen alle theoretischen Behauptungen der feministischen Sprachkritik eher generisch als spezifisch maskulin empfunden. Dass die Lesezeit beim spezifischen Femininum länger war als beim spezifischen Maskulinum liegt auf der Hand, spricht aber nicht gegen das generische Maskulinum. Denn wenn explizit von Frauen die Rede sein soll, ist es durchaus unüblich, im Satz davor das generische Maskulinum zu verwenden, da im Deutschen meistens feminine Formen zur Verfügung stehen. Trotz dieses Befundes folgern die Autorinnen in guter ideologischer Manier: „Gerade das zuletzt genannte Ergebnis spricht für einen geringeren gedanklichen Einbezug von Frauen bei der Verwendung des generischen Maskulinums."[176]

Dass es weniger um das Sprachsystem selber als vielmehr um Weltanschauungen geht, belegt auch folgender Umstand. Je positiver die Einstellung zu sogenannter geschlechtergerechter Sprache ist, umso stärker ist der Einfluss des Gender-Deutsch auf die Leser. Die persönliche Haltung entscheidet darüber, wie Menschen auf die verschiedenen Sprachvarianten reagie-

---

173) ebda.
174) Stahlberg; Sczesny, S. 133
175) ebda., S. 134
176) ebda.

ren.[177] Entlarvend sind die Schlüsse von Stahlberg und Sczesny aus diesem wenig überraschenden Ergebnis. Die Tatsache, dass sich die „Einstellung der Befragten zu geschlechtergerechter Sprache als relevante Moderatorvariable"[178] für die Interpretation des generischen Maskulinums erwies, passte den beiden Autorinnen offenbar gar nicht in den Kram. Sie verstiegen sich daher zu folgendem, recht unverblümten Appell: „Je selbstverständlicher und gesellschaftlich akzeptierter der Gebrauch alternativer sprachlicher Formen wie Beidnennung oder das ,Große I' wird, desto eher sollten generisch maskuline Formen im Sinne eines spezifischen Maskulinums interpretiert werden."[179] Das ist keine wissenschaftlich untermauerte Prognose, sondern weltanschaulich gefärbtes Wunschdenken. Stahlberg und Sczesny erhoffen eine solche Entwicklung, es kommt ihnen gar nicht in den Sinn, dass die gesellschaftliche Akzeptanz des Genderns minimal ist. Auch begreifen sie nicht, dass die Gleichsetzung von generisch maskulinen Formen mit dem spezifischen Maskulinum verheerende Folgen haben wird: Verständnis, guter Stil und sprachliche Präzision werden leiden und die erwünschte „mentale Repräsentation" von Frauen wird mit Sicherheit geringer werden. Denn die Eliminierung des generischen Maskulinums ist nicht konsequent durchführbar. Macht alles nichts, Hauptsache die eigenen festgefahrenen Überzeugungen werden bedient.

Nach dem bislang Gesagten muss die Frage erlaubt sein: Was sind derartige, mit Steuergeldern finanzierte Studien wert?

• Studien, in denen ein Ergebnis präsentiert wird, das im selben Atemzug mit den Worten relativiert wird: „Die Stichprobengröße erlaubt hier aber keine belastbare entsprechende Schlussfolgerung."[180]

---

177) vgl. z.B. Steiger; Irmen, S. 195 f.
178) Stahlberg, Sczesny, S. 138
179) ebda.
180) Klimmt, S. 17

- Studien, an denen 45 weibliche und 45 männliche Studenten teilnehmen, denen Fragebögen in drei Varianten ausgehändigt werden. Das bedeutet jeweils eine Stichprobe von 30 Personen.
- Studien, an denen 41 Studenten eines kommunikationswissenschaftlichen Seminars im Alter zwischen 20 und 34 Jahren teilnehmen.
- Studien, an denen 88 Personen teilnehmen und von denen die Autoren selber schreiben, dass die „Generalisierbarkeit der vorliegenden Ergebnisse" nur „als eingeschränkt zu betrachten" sei, da die Stichprobe „durch die Anforderungen eines Internetzugangs und der Bereitschaft, an einer Internetstudie teilzunehmen, in spezifischer Weise selegiert"[181] sei.
- Studien, in denen zugegeben wird, dass „Befunde aus überwiegend akademischen Gruppen wie beispielsweise Stichproben von Studierenden nicht ohne weiteres auf andere Bevölkerungsgruppen übertragbar sind."[182]
- Studien, welche zwar die Zahl der von den Teilnehmern genannten männlichen und weiblichen Namen – etwa von Prominenten – zählen, zugleich aber einräumen müssen, nicht beantworten zu können, inwieweit die Antworten davon beeinflusst wurden, wie viele Frauen tatsächlich in der jeweiligen Kategorie existieren bzw. den Teilnehmern bekannt waren.
- Studien, die meist mit unbrauchbaren Stichproben operieren, die Widersprüche enthalten, die nur sehr geringe Effekte aufzeigen können und die Daten verzerrend interpretieren.

Wen wundert es noch, wenn der renommierte Leiter des Max-Planck-Instituts für Psycholinguistik im niederländischen

---

181) Steiger; Irmen, S. 197
182) Braun, Friederike, Oelkers, Susanne et.al.: *Aus Gründen der Verständlichkeit ...: Der Einfluss generisch maskuliner und alternativer Personenbezeichnungen auf die kognitive Verarbeitung von Texten.* – In: Psychologische Rundschau, 58, 2007, S. 189

Nijmegen Wolfgang Klein bemerkt, ihm seien keine Studien bekannt, „die stichhaltig belegen, dass Frauen durch das generische Maskulinum benachteiligt werden."[183] Vergessen wir für einen Augenblick alle theoretischen Einwände und gehen davon aus, die Studien hätten eindeutig die erwarteten Ergebnisse gezeigt. Nehmen wir an, die Mehrheit der Bevölkerung interpretiert Formen, die im Maskulinum stehen, tatsächlich durchgehend als männlich. Bedeutet das, dass die Minderheit Unrecht hat? Darf diese das generische Maskulinum deswegen nicht benutzen? Ist eine entsprechende Formulierung dann falsch? Ist sie diskriminierend? Weiter angenommen, ich berichte von einer Gruppe von Menschen, die das generische Maskulinum verwendet, ohne dass sich irgendwer ausgegrenzt fühlt. Müsste man einwenden, das könne nicht sein, weil die Studien das Gegenteil bewiesen hätten?

Vermutlich stellen sich die meisten Menschen wirklich einen Mann vor, wenn von einem Chirurgen die Rede ist. Der Grund dafür liegt aber gewiss nicht in der Sprache selber, sondern in der Tatsache, dass es eben viel mehr männliche als weibliche Chirurgen gibt. Wenn in einem Text von den *Ältesten* die Rede ist, werden die meisten vermutlich an Männer denken, ohne dass die Sprache ihnen dazu einen Anlass böte. Wer sich hingegen einen Lehrerausflug oder eine Studentendemo vorstellt, wird bestimmt einen bunt gemischten Haufen vor Augen haben, bei dem die Frauen womöglich die Mehrzahl bilden. Gedankliche Kategorien werden nicht von der Sprache, sondern vom Kontext beeinflusst. Die Bezeichnung *Bürgermeister* durch *Regierende* zu ersetzen führt nicht dazu, dass einem mehr Frauen einfallen. Das hängt davon ab, wie viele Frauen man in dem Amt kennt. Beharrt man nun darauf, stets zugleich feminine und maskuline Formen zu verwenden, dann führt dies mit Sicherheit dazu, dass die Vorstellung, ein Chirurg müsse unbedingt ein Mann sein, nur umso mehr in den Köpfen verankert wird. So verliert das

---

183) Suchanek, Tina: *Die Amtsmännin als Reisegästin.* (Bild der Wissenschaft, 2/2008), S. 88, Online im Internet: http://www.bild-der-wissenschaft.de/bdw/bdwlive/heftarchiv/

Maskulinum allmählich seine geschlechtsneutrale Bedeutung. Die Menschen werden dann mit maskulinen Formen zunehmend Männer assoziieren. Da es aber in der Alltagssprache unmöglich ist, beide Formen permanent im Munde zu führen und die maskuline meist die kürzere ist und deshalb wohl der Normalfall bleiben wird, besteht die Gefahr, dass Frauen tatsächlich mit der Zeit unsichtbarer werden.

Keine einzige der Untersuchungen behauptet, Formulierungen im generischen Maskulinum seien missverständlich oder irreführend. Und keine Formulierung wird von den Sprechern auf nur eine einzige Weise verstanden, weshalb normative Vorgaben grundsätzlich abzulehnen sind. Statistische Aussagen sagen bestenfalls etwas über Häufigkeitsverteilungen aus. Sie rechtfertigen keine zentralistischen Eingriffe in die Sprache. Im Gegenteil: die Folgen des „Genderismus", nämlich Destabilisierung, Verwirrung, Traditionsverlust und Hässlichkeit der Sprache sind dramatisch, sein Nutzen ist – wenn überhaupt – marginal. Daher stellen sich Fragen: Wer profitiert in welcher Weise? Ist die unausweichliche Inkonsequenz nicht schlimmer als mit einer Sprache zu leben, welche den Ballast vergangener Jahrhunderte mitschleppt, weder eindeutig noch gerecht ist, dafür aber das beste Kommunikationsmittel, das wir haben? Davon handelt das folgende Kapitel.

6. Die Folgen

„Die dramatisierte Hervorhebung der Geschlechtszugehörigkeit durch konsequentes Splitting sollte aufgegeben werden, da damit nur in unreflektierter Weise eine frauenfeindliche Ideologie fortgesetzt wird."

Elisabeth Leiss, Sprachwissenschaftlerin

Ginge es beim feministischen Feldzug gegen tradierte Ordnungen der deutschen Sprache nur um eine vorübergehende Modeströmung, könnte man die ganze Bewegung mit einem Achselzucken ignorieren. In Wirklichkeit jedoch maßt sich eine Minderheit an, darüber zu befinden, wie in Medien, Politik und Wissenschaft gesprochen werden soll. Ihre bisherigen Erfolge sind beachtlich, die Konsequenzen freilich verheerend. Logik, Verständlichkeit, Ästhetik und sprachlicher Reichtum leiden zunehmend. Oder wie es Arthur Brühlmeier ausdrückt: „Auf der Gewinnseite liegt lediglich die Genugtuung jener Männer und Frauen, denen die Doppelnennung menschlicher Funktionsträger ein Anliegen ist und die es offensichtlich verstanden haben, sich durchzusetzen. Die damit verbundene Komplizierung der Sprache und der Verlust an Sprachästhetik und logischen Ausdrucksmöglichkeiten schafft nicht eine einzige zusätzliche Information, dafür aber einen nicht geringen Ärger bei vielen Schreibern und Lesern."[184]

Kommt es wirklich auf das Geschlecht an?

Wenn in einer Nachrichtensendung explizit hervorgehoben wird, dass die Nobelpreise in diesem Jahr „ausschließlich an Männer" vergeben wurden, dann wird das Geschlecht der No-

---

184) Brühlmeier, Arthur: *Sprachfeminismus in der Sackgasse.* – In: Deutsche Sprachwelt, Ausgabe 36, Sommer 2009, Online im Internet: http://www.bruehlmeier.info/sprachfeminismus.htm

belpreisträger überhaupt erst ins Bewusstsein gerückt, als ob es darauf ankäme, ob ein Nobelpreisträger ein Mann oder eine Frau ist. Was wird mit einer solchen Information bezweckt? Die einen fühlen sich bestätigt: „Frauen werden diskriminiert, sie haben schlechtere Chancen, ausgezeichnet zu werden." Die anderen fühlen sich auch bestätigt: „Männer sind die besseren Wissenschaftler." Für die meisten aber ist der Hinweis auf das Geschlecht vermutlich einfach uninteressant.

Das Sichtbarmachen von Frauen in der Sprache ist grundsätzlich leicht möglich. Man braucht einfach nur weibliche Formen häufiger zu verwenden und ständig darauf hinzuweisen, dass Frauen auch dazugehören. Allerdings spricht einiges dafür, dass die Betonung des biologischen Geschlechts in vielen Fällen unnötig ist und sich manchmal nachteilig auf die Satzaussage und den Stil auswirkt. Die Grundfrage, die der gesamten Diskussion zugrunde liegt, lautet: Kommt es bei einer Formulierung, bei einem Sachverhalt auf das Geschlecht an oder nicht? Meistens wird vorausgesetzt, wir müssten in jeder Situation explizit kennzeichnen, ob von einem Mann oder einer Frau die Rede ist. Das ist aber nicht wahr. In sehr vielen Fällen ist das biologische Geschlecht einer Person entweder unbekannt oder irrelevant. Selbst wer bei bestimmten Berufen Frauen explizit erwähnen möchte, um anzudeuten, dass es welche gibt, die ihn ausüben, hat keinen Grund, neutrale Wörter wie *Antragsteller*, *Befürworter* oder *Kunde* zu gendern. Wozu Frauen sichtbar machen, wenn es darum geht, einen Antrag zu stellen, eine Sache zu befürworten oder einfach einzukaufen? *Antragstellerinnen*, *Befürworterinnen* und *Kundinnen* bilden keine Gruppen, die je von einer Diskriminierung aufgrund des Geschlechts betroffen gewesen wären. Auch die *Schülerinnen* stellen in vielen Schularten mittlerweile die Mehrheit, sie sind umgänglicher und erbringen bessere Leistungen. Wozu explizit erwähnen? Welche Diskriminierung soll bekämpft werden?

Wer das generische Maskulinum ablehnt, beraubt die Sprache einer wichtigen Ausdrucksmöglichkeit. Denn der Verlust der übergeschlechtlichen Bedeutung des Maskulinums nimmt dem

Sprecher das Mittel, um „auf der Ebene von Gattungsbegriffen mit einem höheren Abstraktionsgrad zu formulieren."[185] Solche Oberbegriffe sind aber unverzichtbar, um das Allgemeine ohne Rücksicht auf das Geschlecht zu benennen. Eine ähnliche Zerstörung stilistischer Feinheiten betreibt, wer z.B. *jeder* durch *alle* oder *Studenten* durch *Studierende* ersetzen will.

Sexualisierung

Feministische Sprachkritik ist in ihrem Kern sexistisch. Denn sie verlangt, jeden gesprochenen oder geschriebenen Satz, der sich auf Menschen bezieht, auf die Geschlechterebene zu zerren. Als müsste uns ständig eingehämmert werden, dass die Genitalien der Menschen unterschiedlich beschaffen sind. Dem biologischen Geschlecht wird ein Gewicht verliehen, das es gar nicht hat oder zumindest nicht haben sollte. Als ob die Frauen auf einen „Weiblichkeitsbonus"[186] angewiesen wären. Wichtig ist nicht der Mensch mit seinen Eigenschaften oder in seinen Funktionen, sondern seine Geschlechtlichkeit. Die penetrante Betonung des Geschlechts führt zu einer subtilen Form der Diskriminierung, nach dem Motto: Seht her, Frauen gehören auch dazu!

Auch die Sprachwissenschaftlerin Dagmar Lorenz empfindet diese Sexualisierung der Sprache als Zumutung. Ihr „will es nicht recht einleuchten, warum sie sich nun eine gesonderte Anrede gefallen lassen muss. Zu den ‚Wählern', jenem praktischen Oberbegriff, der einst alle Wahlberechtigten ungeachtet ihres jeweiligen Geschlechts umfasste, darf sie sich nun nicht mehr zählen. Sie muss sich den ‚Wählerinnen' zugesellen, mit denen sie nichts als das in diesem Zusammenhang völlig irrelevante biologische Geschlecht gemein hat."[187] Das ist bestechend argumentiert. Was vielen Menschen – und dazu zählen großteils

---

185) Güttler, Gerhard: *Gattungsbegriff oder Geschlechtsangabe.* – In: FAZ, 22.6.2005
186) Zimmer, *Die Sprache der PC*, S. 6
187) Lorenz

Frauen – intuitiv verkehrt vorkommt, liegt vermutlich in eben diesem Umstand begründet. Die feministische Sprache lenkt den Fokus auf das Biologische, und das oft dort, wo es die meisten als deplaciert empfinden.

Das hat dramatische Folgen: Wer ständig ostentativ das Geschlecht herausstreicht, schafft nämlich überhaupt erst die Idee, mit dem Wort *Fußgänger* oder *Nichtraucher, Skifahrer* oder *Teilnehmer* könnten Frauen bzw. Mädchen nicht gemeint sein. Die explizite Nennung führt erst zur mentalen Trennung, es wird „im Kopf der Sprecher ein scheinlogischer Mechanismus in Gang gesetzt, der die nicht-markierte Form *Studenten* zu ‚männlichen Studenten' (sic!) erst werden lässt."[188] Durch die veränderten Hörgewohnheiten geht die geschlechtsübergreifende Bedeutung des generischen Maskulinums allmählich verloren. Da eine konsequente Verwendung sprachlicher Genderformen aber praktisch unmöglich ist, besteht die Gefahr, dass Frauen in Zukunft tatsächlich gedanklich weniger einbezogen werden.

Eine Überbetonung des Geschlechts durch Gendern ist also auch aus emanzipatorischer Sicht durchaus problematisch. Darüber sind sich viele Forscher einig. Elisabeth Leiss spricht vom „frauenfeindlichen Hintergrund, vor dem die Gleichsetzung von Genus und Sexus soviel Popularität erlangen konnte"[189] und meint, „daß die Hervorhebung von Frauen, d.h. die explizite Bezugnahme auf ihr Geschlecht als deren angeblich wesentliches Merkmal, den Frauen mehr geschadet als genützt hat."[190] Wolfgang Klein, Leiter des Max-Planck-Instituts für Psycholinguistik in Nijmegen, schlägt in dieselbe Kerbe: „Doch eben diese Fixierung auf die männliche und weibliche Bezeichnung hat erst die Trennung geschaffen, die sie eigentlich beseitigen wollte."[191] Gisela Klann-Delius erinnert daran, „dass die Geschlechtergerechtigkeit der Sprache die Relevanz von Geschlecht als sozialer

---

188) Werner, S. 9
189) Leiss, S. 341
190) ebda., S. 323
191) Dewald

Kategorisierung, die aber fragwürdig ist, weiter bekräftigt."[192] Und Dagmar Lorenz warnt: „Während die traditionelle Form des ‚generischen Maskulinums' [...] im Verlaufe der Zeiten eine Entwicklung hin zur abstrahierenden Wortbedeutung durchlaufen hat, fällt die sogenannte ‚Feminisierung' hinter diese historische Entwicklung weit zurück. Sie nämlich verweist auf jene Bedeutung – das natürliche (nicht das generische) Geschlecht –, von der ja in bestimmten Zusammenhängen gerade abstrahiert werden soll, um dem Gleichheitsprinzip Genüge zu tun."[193]

Hier ist derselbe Mechanismus im Spiel wie bei anderen Formen der Ausgrenzung durch Unterscheidung. Wie würden wir einen Vortrag oder einen Brief empfinden, der mit der Anrede „Sehr geehrte Weiße und Schwarze" beginnt? Oder „Sehr geehrte Einheimische und Ausländer"? Oder „Sehr geehrte Christen und Nichtchristen"? Zu Recht als diskriminierend und völlig unangebracht. Doch welchen Unterschied macht es, ob wir ständig nach Hautfarbe, Nationalität, Religionszugehörigkeit oder eben nach Geschlecht getrennt werden? Das eine würden wir entrüstet von uns weisen, nach dem anderen verlangen wir. Natürlich ist die Anrede „Sehr geehrte Damen und Herren" stark konventionalisiert und nicht weiter problematisch. Wenn es in einem Text aber von *Besucherinnen* und *Besuchern*, von *Haustierbesitzerinnen* und *Haustierbesitzern* oder von *Musikerinnen* und *Musikern* wimmelt, müsste sich jeder, der über ein gesundes Sprachgefühl verfügt, abgestoßen fühlen.

Als ähnlich aufdringlich empfinden viele die Verwendung der weiblichen Formen bei Titeln. Die Formulierung *Frau Professorin Helga Gruber* erhöht die Eindeutigkeit gegenüber *Frau Professor Helga Gruber* nicht im Geringsten. Der Vorname und die Anrede reichen völlig aus, um Weiblichkeit zu signalisieren. Wer aber von der *Frau Professor* nichts hören will, verwischt die Grenze zwischen Genus und Sexus.

---

192) Klann-Delius, Gisela: *Sprache und Geschlecht – eine Einführung*, Stuttgart/Weimar 2005, S. 186
193) Lorenz

Eine Reihe weiterer unerwünschter Nebenwirkungen kommt hinzu. Wenn der Staatsanwalt überrascht feststellt, „dass der Täter eine Frau war", dann setzt er voraus, dass *Täter* mitnichten nur Männer sein können. *Täterin* wäre an dieser Stelle ein ähnlicher Pleonasmus wie die Formulierung *Unsere Chefärztin ist eine Frau.* Derselbe sprachliche Leerlauf und logische Unfug geschieht, wenn von einer „weiblichen Spitzenkandidatin" die Rede ist. Gibt es womöglich auch eine männliche Spitzenkandidatin? Um klar zu machen, dass sich eine Frau um das zu wählende Amt bewirbt, reicht „Spitzenkandidatin" völlig aus, zumal wenn ihr Name genannt wird. Während man sich bei letzterem Beispiel bloß ärgert, kann eine solche Schlampigkeit mitunter zu einer Fehlinformation führen, und zwar wenn es etwa heißt, ein Museum habe „eine neue Direktorin". Denn das ist nur dann richtig, wenn es „eine alte Direktorin" gegeben hat, das Museum also auch bislang von einer Frau geführt wurde. Falls der Vorgänger der „neuen Direktorin" ein Mann war, dann darf die Dame nicht so bezeichnet werden. Wenn es in einem öffentlich-rechtlichen Rundfunk heißt, „nur 20% aller Managerinnen seien Frauen", dann schütteln wir den Kopf darüber, wie weit politisch korrektes Denken das logische bereits verdrängt hat. Denn zum Glück sind 100% aller Managerinnen Frauen. Dass diese nur 20% aller Manager ausmachen, ist eine völlig andere Aussage. Ähnlich erleuchtend ist der Satz „Unter den Jüngerinnen und Jüngern Jesu befanden sich nachweislich auch Frauen."[194]

Das Bedürfnis, Weiblichkeit möglichst ununterbrochen in den Vordergrund zu rücken, verleitet so manchen Zeitgenossen zu unsinnigen Wortbildungen, wie etwa *Mitgliedin* oder *Vorständin.* Mitglied ist bekanntlich sächlich, so dass eine Movierung überflüssig ist. Das Wort *Vorstand* hingegen leitet sich vom Verb *vorstehen* ab. Analoge Bildungen sind *Zustand* von *zustehen, Niedergang* von *niedergehen* oder auch *Sprung* von *springen* und

---

194) Dietz, Walter: *Augsburger Manifest zum Verhältnis von Geschlecht und Sprache,* Online im Internet: http://www.ev.theologie.uni-mainz.de/Dateien/AUGSBURG.pdf, S. 1

Griff von *greifen*. Meistens entstehen auf diese Weise Maskulina, aber nicht immer, vgl. *Schrift/schreiben, Sicht/sehen, Tat/tun* oder *Band/binden*. Mit dem Sexus einer Person hat die Wortbildung *Vorstand* jedenfalls nichts zu tun.

Die Sexualisierung der Sprache und die Eliminierung des generischen Maskulinums bergen die Gefahr vermehrter Missverständnisse und Falschinformationen. Sobald jedes Maskulinum automatisch nur Männer meint, sind Aussagen, bei denen eine Unsicherheit darüber besteht, ob beide Geschlechter bei einer Sache vertreten sind, in jedem Fall irreführend. Eine Meldung wie *Lehrer fordern mehr Durchgriffsrechte gegenüber verhaltensauffälligen Schülern* müsste dann nämlich so verstanden werden, dass die Forderung von männlichen Lehrern erhoben wurde und sich auch nur auf Burschen bezieht. Über die Lehrerinnen und die Schülerinnen würde nichts ausgesagt; vielmehr würde ein solcher Satz nahelegen, dass die weiblichen Lehrer keinen Bedarf an schärferen Erziehungsmaßnahmen sehen. Freilich kann man sich bei so einem Satz mit Formulierungen wie *Die Lehrerschaft fordert ...* behelfen. Aber was geschieht, wenn es einfach unbekannt ist, ob Frauen zu einer Gruppe dazugehören oder nicht? Dann nämlich eröffnen sich „bösartige Recherchefallen: Wenn ein islamisches Gericht eine Ehebrecherin verurteilt und ich darüber berichten soll, schreibe ich dann RichterInnen oder Richter? Wie soll ich auf Basis einer Agenturmeldung in der halben Stunde vor Redaktionsschluss herausbekommen, ob dabei auch eine Richterin beteiligt war?"[195] So eine Journalistin.

„Der Satz ‚Als Doktor der Theologie habe ich beim Bildungswerk bessere Einstellungschancen' ist eindeutig, während der Satz ‚Als Doktorin der Theologie habe ich beim Bildungswerk bessere Einstellungschancen' doppeldeutig und erläuterungsbedürftig ist (liegen die Chancen nun am Doktorgrad, der als akademischer Titel stets geschlechtsneutral vergeben wird, oder daran, eine promovierte Frau zu sein?). [...] Ähnlich verhält es sich beim Begriff ‚Student': Während der von einem Mann

---

195) Scheub, S. 4

oder einer Frau ausgesprochene Satz ‚Als Student bin ich einfach auf das BAFöG angewiesen' ziemlich eindeutig ist, erweist sich der Satz ‚Als Studentin bin ich einfach auf das BAFöG angewiesen' in analoger Weise als erläuterungsbedürftig (offen bleibt: liegt die Angewiesenheit am Studentenstatus oder auch am Geschlecht?)."[196] Wir sehen: Fehler, Missverständnisse, Sinnentstellungen und logische Widersprüche lauern an jeder Ecke. Oder wie es Sabine Etzold ausdrückt: „Der radikale Feminismus hat beim Marsch durch die Sprachinstitutionen sein erstes Etappenziel erreicht: die Anarchie."[197]

Viele Menschen lehnen den Gendersprech bekanntlich ab. Neben Logik und gedanklicher Klarheit sind für die Kommunikation aber ebenso Gefühle unerlässlich. Eine als aufgezwungen und unnatürlich empfundene Sprache kann einen inneren Widerwillen gegen das Gesprochene oder Geschriebene auslösen. Die so hervorgerufenen negativen Emotionen strahlen auch auf die nachfolgenden Inhalte ab. Diese werden entweder weniger genau verstanden oder pauschal kritischer beurteilt. Gegenseitiges Zuhören und Verstehen werden auf diese Weise kaum gefördert.

Was ist guter Stil?

Ein guter Stil zeichnet sich aus durch Verständlichkeit, Klarheit und Attraktivität. Wer einen gut lesbaren Text schreiben möchte, muss erstens die Grammatik- und Rechtschreibregeln beachten, muss zweitens genau formulieren und drittens den Reichtum der deutschen Sprache ausschöpfen. Wer gelesen werden will, darf nicht langweilen. Langeweile aber entsteht dort, wo überflüssige Wörter die Sätze füllen. Jedes Wort sollte eine wertvolle Information tragen, die Vorstellungskraft anregen, sollte Neugier und Interesse wecken. Alles Überflüssige, Verworrene, alles, was nicht zur Sache passt oder selbstverständlich ist, hemmt den

---

196) Dietz, S. 4 f.
197) Etzold

Sprachfluss und zerstört die Freude am Lesen oder Zuhören. Schon Voltaire riet den Journalisten: „Verwendet nie ein neues Wort, sofern es nicht drei Eigenschaften besitzt: Es muss notwendig, es muss verständlich und es muss wohlklingend sein."[198]

Wir alle lechzen nach Aufmerksamkeit. In einer Zeit permanenter medialer Hirnbewirtschaftung ist sie zu einem der unsichtbaren Luxusgüter geworden. Wer etwas verkaufen will, wirbt um die Aufmerksamkeit der Kunden, Autoren versuchen, sich von der Masse abzuheben und im Konzert der Massenpublikationen eine Solostimme zu spielen. Wem etwas am Herzen liegt, der versucht sich Menschen mitzuteilen, die ihm zuhören. Im Unterschied zur oft stark formelhaften Sprache früherer Zeiten verlangt die moderne Kommunikation in einem hohen Maße Prägnanz und Kürze. Kein Journalist kann es sich leisten, ausschweifend zu formulieren. Politiker, die ihre Gedanken in verschachtelten Sätzen darlegen, werden nicht gewählt. Wissenschaftler müssen in der Lage sein, präzise zu formulieren und das Wesentliche auf den Punkt zu bringen, wenn sie ihre Theorien einer breiten Öffentlichkeit verständlich machen wollen. Ähnlich geht es Ärzten mit ihren Patienten, geht es Lehrern, die komplexe Sachverhalte unterrichten, geht es Werbetextern, Kabarettisten, Schriftstellern, ja allen, die gehört, gelesen und verstanden werden wollen – insbesondere in einer Zeit der Schnelllebigkeit und einer oft flüchtigen Kommunikation.

Obwohl diese Dinge evident, wissenschaftlich abgesichert und in zahllosen Stilschulen dargelegt sind, fällt es so vielen Menschen schwer, klar und verständlich zu formulieren. Wer von uns hat sich nicht schon über unverständliche Betriebsanleitungen, über Zeitungsartikel voller verschachtelter Sätze oder über akademisch überfrachtete Sachbücher geärgert? In den allermeisten Fällen – das sei zur Beruhigung meiner Leser deutlich gesagt – liegt die Ursache für Leseunlust und mangelndes Verständnis beim Verfasser. Er ist es, der um die Gunst des Lesers

198) Voltaire: *Ratschläge an einen Journalisten*, 1737, zit. nach: Schneider, Wolf: *Wörter machen Leute*, S. 53

buhlen muss, er steht in der Pflicht sich so lange zu plagen, bis ein angenehm lesbares Ergebnis entsteht. Viele Autoren aber zeigen sich unwillig, leserfreundlich zu formulieren. Leider gilt dies auch für Texte, die sich gezielt an junge Menschen richten.

Wer mit Kindern zu tun hat, weiß, dass das Verstehen von Lehrbuchinhalten und Aufgabenstellungen eine der größten Herausforderungen beim Lernen darstellt. Die sprachlichen Anregungen, die junge Menschen heutzutage erhalten, sind meist geprägt von Fernsehen und Facebook. Ebenso wie passives Fernsehen reduzieren Simsen und Chatten die sprachliche Kommunikation allerdings erheblich. Wörter werden durch Smileys ersetzt, die grammatikalische Struktur löst sich auf, Rechtschreibung spielt keine Rolle. Differenziertheit und Sprachreichtum gehen verloren. Auch das Elternhaus stellt in immer weniger Fällen eine Quelle gehobenen Sprachbewusstseins dar. So wachsen Kinder heutzutage in der Regel in einer sprachlich sehr reduzierten Umgebung auf. Ganz zu schweigen von den vielen Kindern mit nichtdeutscher Muttersprache, deren oftmals minderentwickelte Sprachkenntnisse das größte Hindernis auf dem Weg zu schulischem Erfolg und gesellschaftlicher Integration darstellen. Was bleibt, ist die Schule. Die Schule also – von der so viele Reparaturmaßnahmen in einer verunsicherten Gesellschaft erwartet werden – soll die Sprache ihrer Zöglinge fördern, soll Ausdrucksfähigkeit und gedankliche Schärfe entwickeln helfen und letztlich die Abstraktions- und Denkfähigkeit stärken. Schulbücher, in denen der Lehrstoff der verschiedenen Fächer dargelegt ist, sollten daher Meisterwerke stilistischer Prägnanz sein, sollten Anspruchsvolles mit wenigen Worten verständlich machen, um Kindern zu helfen, die Welt zu verstehen. In Wirklichkeit sind sie oft ein Hort holpriger Wortungetüme. Schulbuchautoren verfügen in der Regel über keine spezifische Schulung in Stilfragen und unterwerfen sich allzu oft willig sprachlichen Moden. Im behördlichen Zulassungsverfahren wird darauf geachtet, ob das Schulbuch inhaltlich richtig, didaktisch vertretbar und weltanschaulich adäquat ist. Guter Stil bleibt allenfalls unbeachtetes Beiwerk. Dabei gehört die Zeit der Pubertät zu den einflussreichsten Phasen des Lebens.

Einen erheblichen Beitrag zu den üblen sprachlichen Verrenkungen, welche Kindern und Jugendlichen in Schulbüchern zugemutet werden, leistet der politisch gewollte Zwang zur sogenannten geschlechtssensiblen Sprachverwendung. Sehr viele Jugendliche weisen massive sprachliche Defizite auf: in Orthographie, Grammatik und Wortschatz. Die Universitäten klagen über mäßige Ausdrucksfähigkeit, mangelnde gedankliche Exaktheit und unzureichende Grammatikkenntnisse der Studenten. Statt diese Schwächen zu bekämpfen, indoktriniert man junge Menschen mit sogenannter geschlechtergerechter Sprache.

Binnen-I und konsequentes Splitting sind zwar viel zu umständlich und wirken oft einfach zu lächerlich, um selbstverständlicher Teil der mündlichen Kommunikation zu werden. Sie können aber wunderbar eingesetzt werden, um konstruierte Texte ideologisch aufzurüsten. Geschriebene Sprache hat sich aber an der gesprochenen zu orientieren. Das tun gegenderte Texte nie. Sie laufen den Grundregeln guten Stils zuwider. Deshalb wirken sie meist verkrampft und hässlich. Schlimmer aber: Ein Sprachgebrauch, der den Gedankenfluss ständig unterbricht oder irritiert, erschwert das Erfassen komplexer Inhalte. Das gilt freilich nicht bloß für Schulbücher. Wer einen gegenderten journalistischen, literarischen oder wissenschaftlichen Text liest, wird mit Sicherheit jedes Mal genervt über die grammatikfeindlichen Konstruktionen stolpern. Statt den Inhalt möglichst rasch zu erfassen und sich womöglich an einer prägnanten, pointierten Formulierung zu erfreuen, wird er das Geschriebene mühsam zu dechiffrieren versuchen. Nun gibt es – außer in einschlägigen Publikationen – in der Öffentlichkeit zum Glück noch relativ wenige durchgehend gegenderte Texte. Auch in der Literatur ist der Genderwahn noch nicht angekommen. Die politischen Zielsetzungen sind aber eindeutig. Und es ist davon auszugehen, dass uns in Zukunft auch gedanklich schwierigere Texte in gegenderter Form serviert werden.

Das Juristen- und Behördendeutsch war den meisten Menschen schon immer aus guten Gründen verhasst. Auf dem Weg zur Gendergerechtigkeit werden sich nun noch mehr Menschen angewidert abwenden, wenn es darum gehen wird, sich mit offiziellen Stellungnahmen zu beschäftigen, in denen statt klarer Gedanken klotzige Genderismen gepflegt werden. Wenn Behörden nämlich Formulare erstellen, die den Benützern noch größere Hürden beim Ausfüllen in den Weg legen als bislang, dann mag das ihr Gleichheits- und Gerechtigkeitsbedürfnis befriedigen, bürgerfreundlich ist es nicht. Problematischer ist es, wenn Gesetzestexte durch die Genderideologie noch unlesbarer werden, als sie es mitunter schon sind. Selbst für Juristen stellen sie ja auch so oft eine sprachliche Herausforderung dar. Für Laien – die auch ohne ein Fachstudium in der Lage sein müssten, die Gesetze ihres Landes zu verstehen – wird ein durch gendermotivierte Schrägstrich-, Binnen-I- und Paarform-Konglomerate angereicherter Gesetzestext vollends unzumutbar. Noch gefährlicher ist die Entwicklung im Bildungsbereich, in der Wissenschaft und in den Medien. Wenn das Verstehen von Schulbüchern, Prüfungsfragen, Dissertationen und bald wohl auch von journalistischen Darstellungen durch Gendervorgaben sinnlos erschwert wird, dann sollten sich alle Verantwortlichen die Frage stellen, was hier eigentlich geschieht. Mit welchem Recht wird die Auseinandersetzung mit oftmals schwierigen Inhalten unnötig komplizierter gemacht, nur um dem feministischen Wunsch nach Sexualisierung der Sprache Genüge zu tun?

Laut Gisela Klann-Delius liegt eine weitere problematische Konsequenz des Genderns darin, „dass bei der ‚Geschlechtergerechtigkeit‘ der Formulierungen das Geschlecht gegenüber anderen möglichen und berechtigten Ausdrucksbedürfnissen Vorrang erhält und Ausdrucksnuancen verschwinden wie in dem Beispiel der Umformulierung von ‚Ärzte betrachten den Therapeuten allenfalls als Tröster für ihre Patienten‘ zu ‚Ärztinnen und Ärzte räumen dem therapeutischen Beruf allenfalls eine tröstende Funktion ein‘, denn hier wird der konkrete Gehalt der Äußerung (Therapeut als Tröster) einer geschlechtergerechten, aber wenig lebendigen und konkreten Darstellungsweise (therapeutischer Beruf, tröstende Funktion) geopfert."[199] Anders aus-

---

199) Klann-Delius, S. 186

gedrückt: Da das Splitting in jedem Fall ermüdend wirkt, vermeiden es viele, menschliche Funktionsträger direkt zu benennen. Das führt dazu, dass häufig gar nicht mehr von Menschen, sondern nur mehr von Institutionen und abstrakten Verfahren die Rede ist.

Ökonomie – ein sprachliches Grundprinzip

Wenn in einer Nachrichtensendung von *Piloten sowie Flugbegleitern und -begleiterinnen* die Rede ist, dann merkt man zwar das Bemühen, Frauen in der Sprache sichtbar zu machen und gendergerecht zu formulieren, in Wirklichkeit wird dadurch aber das Gegenteil erreicht. Denn in einer solchen Wendung wird gerade suggeriert, dass die Piloten tatsächlich alle männlich sind, was keineswegs der Fall ist. Die ausführliche Formulierung *Piloten und Pilotinnen sowie Flugbegleiter und -begleiterinnen* war den Redakteuren dann offenbar doch zu sperrig, ist sie doch doppelt so lang wie die geschlechtsneutrale und kurze Sequenz *Piloten und Flugbegleiter*. Nun sind solche Phänomene keine Einzelfälle. Aus der Sprachgeschichte und der Kommunikationsforschung ist bekannt, dass Sprachökonomie das stärkste – wenn auch meist völlig unbewusste – Prinzip des Sprachwandels ist. Mit der Zeit setzt sich immer die kürzere, knappere, präzisere Wendung durch. Kurze Sätze nisten sich viel schneller in unser Hirn ein als komplexe Analysen. Daher ist kaum ein Werbeslogan länger als 10 Silben. Barack Obama gewann bekanntlich seine erste Präsidentschaft mit drei Silben: „Yes, we can." Auch im Alltag verknappen und verkürzen wir, wo es nur geht. So wird aus der *Universität* die *Uni*, aus dem *Lösungsheft* der *Löser*, aus dem *Klassenvorstand* der *KV*. Das *Zweite deutsche Fernsehen* heißt *ZDF* und wenn die *ARD* eine Dokumentation über unbekannte Flugobjekte ausstrahlt, dann sprechen wir von einer *Sendung über Ufos im Ersten*. Kaum jemand fährt mit dem *Auto*bus und fast niemand mit der *Eisen*bahn. Stattdessen bevorzugen wir die *Öffis* oder kaufen uns einen *SUV* mit *ABS* und einem *DVD*-Laufwerk von *BMW*. Unsere *PC*- und *EDV*-Kenntnisse sollten wir ständig erweitern, am besten in den *USA*.

Zwei stilistische Wundermittel, derer wir uns meist unbewusst bedienen, heißen Metonymie und Synekdoche. Sie sind eindrucksvolle Beispiele dafür, wie Sprache durch Verknappung an Kraft gewinnt. Wir bezeichnen eine Frau als „blond", obwohl sie nur blonde Haare hat. Wir lesen – so wir es denn tun – „im Schiller" und meinen Schillers Werke. Die größte Börse der Welt heißt „New York Stock Exchange", besser bekannt unter ihrem Straßennamen „Wall Street". Gewinnt die englische Fußballmannschaft gegen die deutsche mit 3:1, sagen wir „England schlägt Deutschland 3:1". Aus der „Mehrheit der Franzosen", die am Abend gerne Wein trinkt, machen wir eine Person und sagen: „Der Franzose trinkt am Abend gerne Wein." Und von den Grundbedürfnissen des menschlichen Lebens bleibt letztlich „unser tägliches Brot" übrig.

Die Verständnisforschung ist sich darin einig, dass der Mensch beim Erfassen von Sprache im Durchschnitt 12 Silben, also etwa 10 Wörter im Kurzzeitgedächtnis behält. Das entspricht ungefähr der Dauer von 3 Sekunden. Diese Zeit sollten wir mit Substanz, nicht mit Genderismen füllen. Laut Deutscher Presseagentur liegt die Obergrenze für optimale Verständlichkeit bei 9 Wörtern pro Satz, als Grenze des Erwünschten werden 20 Wörter angegeben. Bei der ARD gilt die Regel: Sätze sollten maximal aus 18 Wörtern bestehen. Die durchschnittliche Satzlänge in deutschen Zeitungs- und Sachtexten beträgt 15-20 Wörter. Manche Kommerzsender liegen deutlich darunter und verzichten überdies fast völlig auf Nebensätze.

Wir haben es mit einem sprachlichen Grundgesetz zu tun: Jede Silbe zu viel führt dazu, dass einem nicht zugehört wird, dass man nicht gelesen wird. Kein Leitfaden beamteter Genderbeauftragter kann dieses Prinzip außer Kraft setzen. Gegenteilige Argumente sind rar, bleibt daher nur der Griff zur aggressiven Moralkeule: „Der Gesichtspunkt der Ökonomie [gemeint ist: Sprachökonomie] ist bei einer Diskussion über menschliche Grundrechte (zu denen das Als-Mensch-Respektiert- und

Identifiziertwerden gehört) offenbar unangemessen"[200], wettert Luise F. Pusch. „Renten und die Erhaltung sogenannten ‚lebensunwerten Lebens' mögen für ‚die Volkswirtschaft' auch unökonomisch sein – aber das ist wohl kein Grund, gegen sie zu plädieren."[201] Welch maßlose Übertreibung, welch absurder Vergleich! Grundrechte, wie das Recht auf Leben und körperliche Unversehrtheit, Handlungsfreiheit, Glaubens- und Meinungsfreiheit, Versammlungsfreiheit oder der Schutz des Eigentums werden gleichgesetzt mit dem Anspruch auf einen sexualisierten Sprachgebrauch. Es bedarf schon eines gehörig geschulten Weltbilds, um in der korrekten Verwendung der deutschen Sprache, wie sie sich über Jahrhunderte entwickelt hat, die Verletzung der Menschenwürde oder den Ausdruck mangelnden „Respektiert- und Identifiziertwerdens" zu erkennen und einen Vergleich zur Vernichtung sogenannten lebensunwerten Lebens zu ziehen. Doch solches Überdehnen der Begriffe ist typisch für moderne Opferdiskurse. Wo die Sache selbst unhaltbar ist, bleibt nur der Griff zu den stärksten Signalwörtern. Dass sich diese freilich immer mehr abnützen, steht auf einem anderen Blatt.

Redewendungen

Häufig wird vergessen, dass ein konsequent geschlechtssensibler Sprachgebrauch die Sprache erheblich verarmen ließe. Unzählige Redewendungen und Sprichwörter müssten der feministischen Sprachsäuberung zum Opfer fallen, obwohl sie zu den wichtigsten Reichtümern einer Sprache zählen. Sie wurden von Menschen beiderlei Geschlechts in Jahrhunderten geprägt und gehören zu den stabilsten sprachlichen Ausformungen. Gendern lassen sie sich in der Regel nicht. Bleibt nur ihre Verbannung. Ginge es nach den neuen Sprachwächtern, wäre es verwerflich, Kindern Lebensweisheiten mit den Worten beizu-

---

200) Pusch, *Der Mensch ist ein Gewohnheitstier, doch weiter kommt man ohne ihr*, S. 295
201) ebda.

bringen *Übung macht den Meister, Gelegenheit macht Diebe, Jeder ist seines Glückes Schmied* oder *Der Klügere gibt nach.* Schiffe dürften keine *Jungfernfahrt* mehr machen, *Schuster* nicht mehr bei ihrem Leisten bleiben, und weder der *Mann von der Straße* noch *Otto Normalverbraucher* noch *Lieschen Müller* dürften sich an das biblische Gebot halten *Liebe Deinen Nächsten wie Dich selbst.* Kraftvolle Flüche – *Beim Henker!* etwa oder *Zum Teufel!* – würden nicht wegen ihrer Unhöflichkeit, sondern wegen angeblichem Sexismus aus dem Verkehr gezogen werden. Wie angenehm, dass wir dann nie mehr *in Teufels Küche* geraten könnten und nie mehr irgendwo *Not am Mann* wäre. Dafür dürften wir aber vermutlich nicht mehr *per Anhalter* reisen und dabei *die Sau rauslassen.* Doch wenn jemand – *ein Wolf im Schafspelz* – wirklich einmal *den Bock zum Gärtner machen* würde, wie könnten wir *der Sache Herr werden,* um bald *aus dem Schneider zu sein*? Wir könnten es mit dem Ruf *Haltet den Dieb* versuchen, doch der ist aus feministischer Sicht falsch, sofern wir nicht wissen, welches Geschlecht der/die DiebIn hat. Und in der Werbung? Sollte es da wirklich statt *Bei uns ist der Kunde König* heißen *Bei uns ist der/die Kunde/Kundin König/Königin*? Auf idiomatische Wendungen verzichten hieße – *das pfeifen die Spätzinnen und Spatzen von den Dächern* – der Sprache einen *Bärendienst* erweisen, pardon *BärInnendienst!* Was für ein *Affen- und Äffinnentheater!*

Natürlich trägt die Sprache ihre Geschichte mit sich. Und in diesem Sinne könnte man sie durchaus patriarchal nennen. In vielen Redewendungen steht das Männliche in irgendeiner Form im Vordergrund. Aber in gleicher Weise ließe sich sagen, die Sprache sei kriegerisch. Und dennoch stoßen sich keine Pazifisten daran, wenn beim *Kampf* gegen den Krebs *übers Ziel hinausgeschossen* wird; wenn vom *Wettkampf* die Rede ist, bei dem eine Mannschaft über eine andere *siegt*; wenn man ein Problem *in Angriff* nimmt oder ein Politiker *unter Beschuss* gerät. Die Sprache hat auch einen extremen Tierbezug. Dennoch hat man noch nie davon gehört, dass sich Tierschützer aufregten, wenn ein *Immobilienhai,* ein wirklich *aufgeblasener Gockel,* der sich *unter aller Sau* benimmt, als *aalglatt* beschrieben wird, wenn ein Beamter mit einem *Dinosaurier* verglichen oder wenn jemand als *Zicke*, *Hund* oder *Schwein* – allesamt nützliche Haustiere – beschimpft wird.

Der Grund dafür ist sehr einfach. Die Art und Weise, wie wir einzelne Wörter sowie sprachliche Bilder einsetzen und verstehen, hat kaum etwas mit der Etymologie und der Bedeutungsgeschichte dieser Ausdrücke zu tun. In den meisten Fällen sind uns die verschlungenen Wege unbekannt, auf denen Wörter entstehen, metaphorisch umgedeutet werden, vielleicht sogar verschwinden, um später in völlig neuen Zusammenhängen wieder aufzutauchen. Jedenfalls denken wir selten an den Bildspender, sondern verstehen, was gemeint ist. Auch ein überzeugter Republikaner wird einen Gegenstand oder das Verhalten eines Menschen als *edel* bezeichnen, hat das Wort doch mit der ursprünglichen Bedeutung von „adelig" nichts mehr zu tun. Möglicherweise vergeht jemandem der Appetit, wenn er erfährt, dass sich *Palatschinke*, der österreichische Ausdruck für Eierkuchen, vom lateinischen „placenta" ableitet, die meisten wissen es aber nicht, die Bezeichnung wird bleiben. Dieter E. Zimmer meint daher: „Die Sprachgeschichte konserviert vieles, was uns mißfiele, [...] und niemand stößt sich daran, zu Recht, denn der Wortsinn ist bis zur Unkenntlichkeit verblaßt, und wenn die Sprache – sie wird es nicht – tatsächlich von allen diesen Mißliebigkeiten gereinigt werden könnte, bliebe nur ein Gerippe, gerechter vielleicht, aber grotesk umständlich und ganz und gar ausdruckslos."[202]

Diese Abkoppelung von der Tradition stellte aber nicht nur einen grauenhaften Verlust an sprachlichem Reichtum und Differenzierungsvermögen dar, sondern sie würde auch das Verständnis älterer Texte erschweren. Seit man Kindern erklärt, das Wort *Neger* sei diskriminierend, missverstehen sie bereits wenige Jahrzehnte alte Bücher. Ebenso ist es wohl nur eine Frage der Zeit, bis Jugendliche nicht gegenderte Formulierungen als se-

---

202) Zimmer, *Trends*, S. 78 f.

xistisch missinterpretieren werden. Auch ist anzunehmen, dass der Zwang zum Gendern die Tendenz, komplizierte, sperrige Formulierungen durch englische Vereinfachungen zu ersetzen, beschleunigen wird.

7. Was tun?

„Wir wissen, daß die Ideologie, auch die höchstintellektuelle, eine ärgere Schranke für die menschliche Freiheit sein kann, als es jemals Inquisition und Despotismus waren."

Carl Zuckmayer, Schriftsteller

Sprache ist bekanntlich einem ständigen Wandel unterworfen. Oft haben wir das Gefühl, dieser Prozess fände über unsere Köpfe hinweg statt, ohne dass wir ihn beeinflussen könnten. Dennoch ist es der lebendige Gebrauch der Sprache, sind es einzelne Menschen, denen jegliche Veränderung entspringt. Aller Sprachwandel beginnt mit einer Abweichung von der Norm, die jemand zum ersten Mal ausprobiert. Ob wir diese Abweichung übernehmen oder nicht, liegt an uns. Daher bleibt Sprache allen politischen Manipulationsversuchen zum Trotz stets in hohem Maße ein demokratisches Gut. Jeder Einzelne von den 100 Millionen Sprechern des Deutschen trägt ein Stück Verantwortung für dessen Entwicklung. Unser Beitrag ist zwar gering, er ist aber größer als null. Wer professionell mit Sprache zu tun hat – als Lehrer, Werbetexter, als Sachbuchautor oder Experte im Fernsehen –, dessen Prägekraft freilich ist erheblich. Und wir treffen die Entscheidung, ob wir sprachlichen Moden folgen, ob wir den akademischen Jargon imitieren, ob wir uns den Gendervorgaben unterwerfen oder ob wir auf all das verzichten und uns um einen klaren individuellen Stil bemühen.

Was den „Genderismus" betrifft, besteht trotz aller grassierenden Sprachverhunzung Grund zur Hoffnung. Viele Menschen lehnen feministische Eingriffe in die Sprache ab. Arthur Brühlmeier meint, dass „zunehmend auch Frauen die neuen Sprachgebräuche als lästig, ja sogar als lächerlich empfinden und keinen echten Gewinn darin zu sehen vermögen, beim Lesen immer wieder die Banalität bestätigt zu bekommen, dass dem Schreiber die Zweigeschlechtlichkeit des Menschen bewusst war."[203] Auch

---

203) Brühlmeier

Christoph Klimmt sieht sich – mit unüberhörbarem Bedauern – gezwungen festzustellen: „Der häufig [...] geäußerten Forderung nach gender-sensitiver Textgestaltung und speziell nach sprachlicher Geschlechtergleichbehandlung steht eine eklatant geringe Bereitschaft vieler Autor/inn/en gegenüber, solche Formen in ihre journalistischen, wissenschaftlichen oder anderen Texte zu integrieren."[204] Und eine Untersuchung aus dem Jahr 2007 kommt zu dem Schluss: „Bei beiden Geschlechtern ist die Tendenz eindeutig, auch in Zukunft im privaten Bereich nicht geschlechtergerecht zu formulieren. Mit 81,8% verneinten sogar mehr Probandinnen als Probanden (76,2%) die Frage."[205] Derselben Studie zufolge gaben 81,2% aller befragten Frauen an, noch niemals unsicher darüber gewesen zu sein, ob auch sie als Frau angesprochen sind; und 82,4% gestanden, sich noch nie durch Sprache diskriminiert gefühlt zu haben. Interessant ist auch ein anderer Befund: „Bei jüngeren Menschen ist die Akzeptanz einer geschlechtergerechten Sprache geringer als bei älteren Menschen."[206]

Ähnliche Zahlen zur mangelnden Akzeptanz des Genderns lieferte Marlis Hellinger bereits vor 30 Jahren. Sie fand heraus, dass „nur 10-15% der Befragten dazu bereit waren" die damals präsentierten Richtlinien für geschlechtergerechtes Formulieren „ohne Einschränkung in den eigenen Sprachgebrauch zu übernehmen."[207] Dies alles deckt sich mit der Alltagserfahrung. Formulierungen im generischen Maskulinum sind selbstverständlicher Teil der Umgangssprache. Und sämtliche Befragungen sind sich darin einig: Nicht gegenderte Texte werden durchgehend positiver bewertet als geschlechtergerechte –

---

204) Klimmt, S. 7
205) Wesian, Julia: *Sprache und Geschlecht. Eine empirische Unterschung zur "geschlechtergerechten Sprache"*, Forschungsarbeit Universität Münster, 2007 Online im Internet: noam.uni-muenster.de/SASI/Wesian_SASI.pdf, S. 86
206) Wesian, S. 111
207) Hellinger, Marlis; Schräpel, Beate: *Über die sprachliche Gleichbehandlung von Frauen und Männern.* – In. Jahrbuch für Internationale Germanistik 15, 1983, S. 60

sowohl von Frauen als auch von Männern. Mit anderen Worten: Gendern nervt.

Wie sehr die Wissenschaft versucht, diese Tatsache umzubiegen, macht die bereits erwähnte Studie von Klimmt deutlich. Dort heißt es: „Besondere Beachtung verdient auch der in beiden Experimenten aufgetretene Effekt, wonach das generische Maskulinum bei der expliziten Frage nach der Angemessenheit der Geschlechterrepräsentation im Artikel besser bewertet wurde als die Nennung beider Geschlechter. Dieser Befund könnte ebenfalls eine gewohnheitsbedingte Präferenz für die rein männliche Form reflektieren, aber auch ein Hinweis auf Reaktanz gegenüber explizit ‚politisch korrekten' Neuerungen in der öffentlichen Kommunikation sein [...]"[208] Der Autor kann zwar nichts beweisen – man beachte den Konjunktiv –, er ist von seinem Umerziehungswillen aber so beseelt, dass er nicht einmal in Betracht zieht, das generische Maskulinum könnte tatsächlich in vielen Fällen die bessere, brauchbarere, treffendere Form sein. Stattdessen wird spekuliert, ob nicht „eine gewohnheitsmäßige Präferenz" dafür verantwortlich sei, dass bei der Befragung das gewünschte Ergebnis nicht herausgekommen ist.

Ich vermute – und es ist wirklich nur eine Vermutung –, die meisten Menschen lassen die Gender-Ideologie über sich ergehen, weil sie die theoretischen Grundlagen dahinter nicht kennen und glauben, alles werde schon eine überzeugende wissenschaftliche Fundierung aufweisen. Dennoch liegt ein tiefer Graben zwischen der bewusst umerziehenden Sprache der Öffentlichkeit, der Medien, Behörden, Schulen und der Politik auf der einen und der Sprache des Alltags, der intimen zwischenmenschlichen Kommunikation und der Poesie auf der anderen Seite – auch und vor allem in Bezug auf die Geschlechterfrage. Das sollte zu denken geben.

Trotz einer breiten Ablehnung des Genderns können wir also davon ausgehen, dass der Druck in der Öffentlichkeit, in Schulen, Universitäten und journalistischen Redaktionen größer wer-

---

208) Klimmt, S. 23

den wird. Daher ist es wichtig zu widersprechen. Die sicherste Möglichkeit, die Absurdität sprachlichen Genderns sichtbar zu machen und somit der Lächerlichkeit preiszugeben, ist, die feministischen Vorschläge ernst zu nehmen und etwas kompliziertere Alltagssätze konsequent zu gendern. Die meisten Menschen mit einem intakten Sprachgefühl werden sich angewidert abwenden oder verständnislos den Kopf schütteln. Ich habe auf diese Weise schon viele Personen von der Undurchführbarkeit radikalen Genderns überzeugen können, aber auch von der ästhetischen Brutalität, mit der die Sprache umgestaltet werden soll.

An zweiter Stelle steht das Bewusstmachen der eigenen Ausdrucksweise, die Arbeit am eigenen Stil, das Sich-Verweigern gegenüber Modeströmungen. Es herrscht kein Zwang zur Anpassung. Zwar werden sich die persönlichen Nachteile meist in Grenzen halten, wenn man sich dem Druck zu gendern entzieht; dennoch erfordert es Mut, das generische Maskulinum selbstbewusst zu verwenden, wenn von einem etwas anderes erwartet wird. Es ist nicht sexistisch, wenn eine Frau von sich sagt *Ich bin Arzt* oder ein Mann über eine Frau *Sie ist ein hervorragender Student, ein fleißiger Mitarbeiter* etc. Im Gegenteil: Falls bei gewissen Berufsbezeichnungen tatsächlich männliche Vorstellungsinhalte überwiegen, sollten wir das generische Maskulinum umso mehr pflegen und bewusst mit weiblicher Bedeutung füllen. Dies scheint der aussichtsreichere, kreativere und das Sprachempfinden weniger beleidigende Weg zu sein, als Texte durch eine Flut phantasieloser „Innen" zu verunstalten.

Nicht zuletzt sollten wir gegenüber allen, die gendern und die es von uns verlangen, selbstbewusst argumentieren. Wir sollten deutlich auf den Unterschied von Genus und Sexus hinweisen. Wir sollten die grammatikalischen Grenzen, die ästhetischen Probleme und semantischen Widersprüche einer geschlechtssensiblen Sprache aufzeigen.

Schreiben Sie Briefe an Zeitungen und Rundfunkstationen, die sich dem Gendern anbiedern. Wenn Sie Kinder haben, schreiben Sie an Schulbuchverlage, an Schulbuchautoren, ans Ministerium, suchen Sie das Gespräch mit den Lehrern, die von

Ihren Kindern gegenderte Texte verlangen oder ihnen solche vorlegen. Wenn Sie die Universität besuchen, scheuen Sie nicht das Streitgespräch mit Ihren Professoren. Machen Sie deutlich, was Sie von einem gut lesbaren Text erwarten. Vielleicht wird dann die Hoffnung Arthur Brühlmeiers wahr, „dass alle feinfühligen Menschen ihren Sinn für sprachliche Ästhetik und auch für das natürlich Gewachsene beim Schreiben bewahren, auch wenn die derzeit gängige Ideologie anderes verlangt."[209] Sprache dürfe nicht, so der Pädagoge, „zur unaussprechbaren Schreibe verkommen. Wer immer durch sein politisches Amt oder seine berufliche Tätigkeit Einfluss auf die Entwicklung der deutschen Sprache haben oder nehmen kann, möge den Mut zur Umkehr aufbringen."[210]

---

209) Brühlmeier
210) ebda.

Literaturverzeichnis

Adelung, Johann Christoph: *Grammatisch-kritisches Wörterbuch der Hochdeutschen Mundart*, 4 Bände, Leipzig 1811, Online im Internet: http://lexika.digitale-sammlungen.de/adelung/online/angebot

Alsarras, Nader: *Binnen-I: Großer Buchstabe, kleine Wirkung?* – In: Deutsche Welle, 9.7.2010, Online im Internet: http://www.dw.de/binnen-i-großer-buchstabe-kleine-wirkung/a-5774426

Bär, Jochen: *Frauen und Sprachsystem: lexikalische und grammatische Aspekte.* – In: Adam, Eva und die Sprache. Beiträge zur Geschlechterforschung, Mannheim 2004, S. 148-175

Bamm, Peter: *Eines Menschen Zeit*, München 1974

Beauvoir, Simone de: *Das andere Geschlecht. Sitte und Sexus der Frau*, Reinbek bei Hamburg ⁶2006

Binnen-I be gone. *Eine Erweiterung für Firefox & Chrome.* Online im Internet: http://binnenibegone.awardspace.com/

Boroditsky, Lera: *Wie die Sprache das Denken formt.* – In: Spektrum der Wissenschaft, April 2012, S. 30-33, Online im Internet: http://www.spektrum.de/alias/linguistik/wie-die-sprache-das-denken-formt/1145804

Braun, Friederike, Oelkers, Susanne et.al.: *Aus Gründen der Verständlichkeit ...: Der Einfluss generisch maskuliner und alternativer Personenbezeichnungen auf die kognitive Verarbeitung von Texten.* – In: Psychologische Rundschau, 58, 2007, S. 183-189

Brühlmeier, Arthur: *Sprachfeminismus in der Sackgasse.* – In: Deutsche Sprachwelt, Ausgabe 36, Sommer 2009, Online im Internet: http://www.bruehlmeier.info/sprachfeminismus.htm

Brugmann, Karl: *Das Nominalgeschlecht in den indogermanischen Sprachen.* (Nachdruck aus Techmers Internationaler Zeitschrift für allgemeine Sprachwissenschaft 4 (1889), S. 100-109) – In: Sieburg, Heinz (Hg.): Sprache – Genus/Sexus, Frankfurt a.M. 1997, S. 33-43

Das „Binnen-I" – von Frauen gemeuchelt? – In: Focus Online
Dewald, Ulrich: *Kontrovers: Feministische Linguistik.* – In: Bild der Wissenschaft, 16.1.2008, Online im Internet: http://www.wissenschaft.de/wissenschaft/hintergrund/287303.html?page=0http://www.wissenschaft.de/wissenschaft/hintergrund/287303.html

Dietz, Walter: *Augsburger Manifest zum Verhältnis von Geschlecht und Sprache*, Universität Augsburg 1995, Online im Internet: http://www.ev.theologie.uni-mainz.de/Dateien/AUGSBURG.pdf

Dittmar, Peter: *Wenn „Zehn kleine Negerlein" plötzlich verschwinden.* – In: Die Welt, 25.2.2012, Online im Internet: http://www.welt.de/debatte/kommentare/article13887699/Wenn-Zehn-kleine-Negerlein-einfach-verschwinden.html

Döge, Peter: *Männer – die ewigen Gewalttäter? Gewalt von und gegen Männer in Deutschland*, Wiesbaden 2011

Döring, Nicola: *Männliche Formen.* – In: Aviso, Nr. 33, 2003, S. 28

Duden, Band 9 (*Richtiges und gutes Deutsch*), Mannheim [7]2011

Eder-Hantscher, Claudia; Geisler, Gertraud et.al.: *Kompetenz Deutsch. Sprachbuch für berufsbildende höhere Schulen*, Band 3, Wien 2010

Erklärung des Weltärztebundes zum Internationalen Kodex für Ärztliche Ethik. – In: Handbuch der Deklarationen, Erklärungen und Entschließungen. Deutsche Fassung, 2008, Online im Internet: www.bundesaerztekammer.de/downloads/handbuchwma.pdf

Etzold, Sabine: *Die Sprache wechselt ihr Geschlecht* – In: Die Zeit, 5.4.1996

Fischer, Beatrice; Wolf, Michaela: *Leitfaden zum geschlechtergerechten Sprachgebrauch.* Zur Verwendung in Lehrveranstaltungen und in wissenschaftlichen Arbeiten, Zentrum für Translationswissenschaften, Universität Wien 2009, Online im Internet: http://transvienna.univie.ac.at/fileadmin/user_upload/fak_translationswissenschaft/Diplomarbeitenanleitung/Geschlechtergerechtes_Formulieren_FischerWolf.pdf

Fischer, Roswitha: *Coach-Frau, Frau Coach oder Coacherin? Wie Sprachstruktur geschlechtergerechten Sprachgebrauch beeinflusst.* – In: Adam, Eva und die Sprache. Beiträge zur Geschlechterforschung, Mannheim, 2004, S. 176-190

Fleischer, Wolfgang; Barz, Irmhild: *Wortbildung der deutschen Gegenwartssprache*, Tübingen ²1995

Foth, Eberhard: *Zur „geschlechtsneutralen" (oder: „geschlechtergerechten") Rechtssprache.* – In: Juristische Rundschau 2007, S. 410–412

Freedman, David H.: *Falsch. Warum uns Experten täuschen und wie wir erkennen, wann wir ihnen nicht vertrauen sollten.* Aus dem Engl. von Jochen Lehner, München 2010

Gibbons, Fiachra: *Lay off men, Lessing tells feminists. Novelist condemns female culture that revels in humiliating other sex. (Special report: Edinburgh books festival 2001).* – In: The Guardian, 14.8.2001, Online im Internet: http://www.guardian.co.uk/uk/2001/aug/14/edinburghfestival2001.edinburghbookfestival2001

Goethe, Johann Wolfgang von: *Wahlverwandtschaften*, hg. v. Erich Trunz (Hamburger Ausgabe in 14 Bänden), Bd. VI, München ¹¹1982

Greiner, Ulrich: *Die kleine Hexenjagd.* – In: Die Welt, 21.3.2013, Online im Internet: http://www.zeit.de/2013/04/Kinderbuch-Sprache-Politisch-Korrekt

Grimm, Jacob et.al.: *Deutsches Wörterbuch* (16 Bände), Leipzig 1854-1971, Online im Internet: http://dwb.uni-trier.de/de/

Grotte, Werner: *„Sie oder er ihn oder sie".* – In: Wiener Zeitung, 25.6.2009, Online im Internet: http://www.wienerzeitung.at/nachrichten/oesterreich/chronik/235107_Sie-oder-er-ihn-oder-sie.html

Güttler, Gerhard: *Gattungsbegriff oder Geschlechtsangabe.* – In: FAZ, 22.6.2005

Hauck, Stefan; Hellemann, Angelika; Uhlenbroich, Burkhard: *„Mit Sarrazin sollte sich niemand mehr in eine Talkshow setzen"*

– In: Bild am Sonntag, 20.5.2012, Online im Internet: http://
www.bild.de/politik/inland/politiker-deutschland/mit-sarrazin-
sollte-sich-niemand-mehr-in-eine-talkshow-setzen-24227970.
bild.html

Hellinger, Marlis: *Empfehlungen für einen geschlechtergerechten
Sprachgebrauch im Deutschen.* – In: Adam, Eva und die Sprache.
Beiträge zur Geschlechterforschung, Mannheim 2004, S. 275-291

Hellinger, Marlis: *Feministische Sprachpolitik und politische Korrektheit – der Diskurs der Verzerrung.* – In: GfdS, 2000

Hellinger, Marlis; Schräpel, Beate: *Über die sprachliche Gleichbehandlung von Frauen und Männern.* – In: Jahrbuch für Internationale Germanistik 15, 1983, S. 40-69

Husslein, Peter; Langer, Martin: *Die Beschneidung: (K)eine
Operation wie jede andere.* – In: Die Presse, 24.8.2012

Infograz.at. Das Stadtportal, Online im Internet:
www.info-graz.at/allgemeinmediziner-hausarzt-aerztin-aerztin-
nen-krankheiten-untersuchungen-ueberweisung-vertrauen

Irmen, Lisa: *Diskriminierung und Sprache.* Vortrag 2006
(Psychol. Inst. Univ. Heidelberg), Online im Internet: http://subnew.unibe.ch/documents/10156/29807/
geschlechtergerechte+sprache_vortrag.pdf

Kalverkämper, Hartwig: *Die Frauen und die Sprache.* – In:
Linguistische Berichte 62 (1979) (Wiederabdruck in: Sieburg,
Heinz (Hg.): Sprache – Genus / Sexus. Frankfurt am Main
1997, S. 258-278)

Kalverkämper, Hartwig: *QUO VADIS LINGUISTICA? Oder:
Der feministische Mumpsismus in der Linguistik.* – In: Linguistische Berichte 63 (1979), (Wiederabdruck in: Sieburg, Heinz
(Hg.): Sprache – Genus / Sexus. Frankfurt am Main, 1997, S.
302-307)

Kiyak, Mely: *Liebe Wissensgesellschaft!* – In: Frankfurter Rundschau, 19.5.2012

Klann-Delius, Gisela: *Sprache und Geschlecht – eine Einführung*, Stuttgart/Weimar 2005

Klein, Josef: *Der Mann als Prototyp des Menschen – immer noch? Empirische Studien zum generischen Maskulinum und zur feminin-maskulinen Paarform.* – In: Adam, Eva und die Sprache. Beiträge zur Geschlechterforschung, Mannheim 2004, S. 292-307

Klimmt, Christoph; Pompetzki, Verena; Blake, Christoph: *Geschlechterrepräsentation in Nachrichtentexten: Der Einfluss von geschlechterbezogenen Sprachformen und Fallbeispielen auf den gedanklichen Einbezug von Frauen und die Bewertung der Beitragsqualität.* – In: Medien & Kommunikationswissenschaft, 56. Jahrgang, Heft 1, Hamburg 2008, S. 3-20

Koithan, Ute; Scherling, Theo et.al.: *Logisch! Deutsch für Jugendliche, Kursbuch A1*, Berlin u.a. 2009

Krämer, Walter: *Lohnunterschiede zwischen Frauen und Männern?* (3.4.2012) Online im Internet: www.unstatistik.de

Krämer, Walter: *So lügt man mit Statistik*, München ⁷2005

Kusterle, Karin: *Die Macht von Sprachformen, Perzeptionsanalysen zur sprachlich beeinflussten Konzeptualisierung von Gender*, Diss. Univ. Graz 2010

Leiss, Elisabeth: *Genus und Sexus. Kritische Anmerkungen zur Sexualisierung von Grammatik.* In: *Linguistische Berichte* 152 (1994) (Wiederabdruck in: Sieburg, Heinz (Hg.): Sprache – Genus / Sexus. Frankfurt am Main, 1997, S. 322-345)

Leitfaden für geschlechtergerechtes Formulieren und eine diskriminierungsfreie Bildsprache, Kurzfassung, Wien 2011, Online im Internet: http://www.wien.gv.at/medien/pid/pdf/leitfaden-formulieren-bf-kurz.pdf

Leitfaden zur deutschen Rechtschreibung. Schweizerische Bundeskanzlei in Absprache mit dem Präsidium der Staatsschreiberkonferenz, Bern 2012, Online im Internet: http://www.bk.admin.ch/dokumentation/sprachen/

Leitfaden zur sprachlichen Gleichbehandlung von Frau und Mann (Universität Zürich), 2006, Online im Internet: http://www.avl.uzh.ch/services/download/Leitfadensprachl-Gleich.2006.pdf

Lieb, Hans Heinrich; Richter, Helmut: *Zum Gebrauch von Personenbezeichnungen in juristischen Texten.* – In: Deutsche Sprache 18, 1990, S. 148-157

Lorenz, Dagmar: *Die neue Frauensprache. Über die sprachliche Apartheid der Geschlechter* – In: Muttersprache. Zeitschrift zur Pflege und Erforschung der deutschen Sprache, Heft 3, 1991, S. 272-277

Marjanovic, Lucia: *Enid Blytons Fünf Freunde auf Deutsch*, Diplomarbeit Univ. Wien 2010

Mehr Frauen in die Sprache. Leitfaden zur geschlechtergerechten Formulierung. (Hg. vom Ministerium für Justiz, Frauen, Jugend und Familie des Landes Schleswig-Holstein), Online im Internet: http://www.frauenbeauftragte.uni-muenchen.de/berichte/berichte_veranstalt/handreichung2007.pdf (S. 1-13)

Metz-Göckel, Sigrid; Kamphans, Marion: *Zum geschlechterbewussten Sprachgebrauch. Info-Papier No 3. BMBF-Projekt „Neue Medien in der Bildung – Förderbereich Hochschule",* Dortmund 2002, Online im Internet: http://dimeb.informatik.uni-bremen.de/documents/projekt.gender.Infopapier_No3a.pdf

Morales, Miguel Alfonso Torres (Universidad Ricardo Palma, Lima): *Feministische Sprachkritik: Zwischenbilanz,* Leibniz Universität Hannover 2003, Online im Internet: http://www.germanistik.uni-hannover.de/fileadmin/deutsches_seminar/publikationen/HAL/hal-15.pdf

Noelle-Neumann, Elisabeth: *Öffentlichkeit als Bedrohung,* München 1977

Pfister, René: *Der neue Mensch.* – In: Spiegel online, 30.12.2006, Online im Internet: http://www.spiegel.de/spiegel/a-457053.html

Pittner, Karin: *Genus, Sexus und das Pronomen wer.* – In: Robert J. Pittner; Karin Pittner: Beiträge zu Sprache und Sprachen 2. Vorträge der 5. Münchner Linguistik-Tage, 1995, München (Edition Linguistik 17), S. 153-162, Online im In-

ternet: http://homepage.ruhr-uni-bochum.de/Karin.Pittner/
GenSexPron_wer.pdf

Puchert, Ralf; Jungnitz, Ludger et. al.: *Gewalt gegen Männer in Deutschland. Personale Gewaltwiderfahrnisse von Männern in Deutschland.* (Pilotstudie im Auftrag des Ministeriums für Familie, Senioren, Frauen und Jugend.) 2004, Online im Internet: http://www.bmfsfj.de/BMFSFJ/Service/Publikationen/publikationsliste.html

Pusch, Luise F.: *Alle Menschen werden Schwestern*, Frankfurt a.M. 1990

Pusch, Luise F.: *Der Mensch ist ein Gewohnheitstier, doch weiter kommt man ohne ihr. Eine Antwort auf Kalverkämpers Kritik an Trömel-Plötz' Artikel über „Linguistik und Frauensprache"* – In: Linguistische Berichte 63 (1979) (Wiederabdruck in: In: Sieburg, Heinz (Hg.): Sprache – Genus/Sexus, Frankfurt a.M. 1997, S. 279-307)

Richtlinien für geschlechtergerechtes Formulieren. Herausgegeben vom Amt der Landeshauptstadt Bregenz, 2006, Online im Internet: http://bregenz.gruene.at/fileadmin/bregenz/img/aktionen/gender/Richtlinien.pdf

Sack, Manfred: *Trotzdessen trotz dem.* – In: Die Zeit, 31.5.1985
Scheub, Ute: *Der lange Marsch des großen I durch die Institutionen.* Vortrag auf der Tagung „Sprachmächtig. 20 Jahre nach dem Binnen-I" der Friedrich-Ebert-Stiftung, 20.1.2003, Online im Internet: http://www.utescheub.de/blog/wp-content/uploads/2012/01/Spraechinnen.pdf
Schneider, Wolf: *Deutsch fürs Leben. Was die Schule zu lehren vergaß*, Reinbek bei Hamburg 1995
Schneider, Wolf: *Wörter machen Leute. Magie und Macht der Sprache*, München ¹⁶2011
Schönbohm, Jörg: *Politische Korrektheit. Das Schlachtfeld der Tugendwächter*, Waltrop und Leipzig 2010
Schweizerische Zigeunermission, Online im Internet: www.zigeunermission.ch

Sprachleitfaden. Geschlechtergerechter Sprachgebrauch an der FH Campus Wien, Wien 2006 Online im Internet: http://www.fh-campuswien.ac.at/index.php?download=776.pdf

Sprachliche Gleichbehandlung von Frauen und Männern. Hinweise, Anwendungsmöglichkeitsmöglichkeiten und Beispiele. (BBB-Merkblatt M 19, Bundesverwaltungsamt, 2. Auflage 2002)

Stahlberg, Dagmar; Sczesny, Sabine: *Effekte des generischen Maskulinums und alternativer Sprachformen auf den gedanklichen Einbezug von Frauen.* – In: Psychologische Rundschau, 52 (3), 2001, S. 131-140

Steiger, Vera; Irmen, Lisa: *Zur Akzeptanz und psychologischen Wirkung generisch maskuliner Personenbezeichnungen und deren Alternativen in juristischen Texten.* – In: Psychologische Rundschau, 58, 2007, S. 190-200

Suchanek, Tina: *Die Amtsmännin als Reisegästin.* – In: Bild der Wissenschaft, 2/2008, S. 86-88, Online im Internet: http://www.bild-der-wissenschaft.de/

Trömel-Plötz, Senta: *Frauensprache: Sprache der Veränderung,* München 2006

Trömel-Plötz, Senta: *Frauen und Sprache: Unterschied und Unterdrückung.* – In: Jahrbuch für Internationale Germanistik, Jahrgang XIV, Heft 2, 1982, S. 79-97

Trömel-Plötz, Senta: *Linguistik und Frauensprache.* – In: Linguistische Berichte 57 (1978) (Wiederabdruck in: Sieburg, Heinz (Hg.): Sprache – Genus/Sexus, Frankfurt a.M. 1997, S. 235-257)

Ulrich, Miorita: ‚*Neutrale' Männer – ‚markierte' Frauen. Feminismus und Sprachwissenschaft.* – In: Sprache – Genus / Sexus, Frankfurt am Main 1997, S. 308-321

Unruh, Thomas: *Das Letzte. Pädagogische Unwörter,* Online im Internet: http://www.guterunterricht.de/guterunterricht.de/Unwoerter.html

Werner, Martina: *Zur Verwendung geschlechtergerechter Sprache – die grammatische Kategorie Genus – Online-Handreichung erstellt im Rahmen einer Ausschreibung für die Frauenbeauftragte der LMU München,* 2007, Online im Internet: http://www. frauenbeauftragte.uni-muenchen.de/berichte/berichte_veranstalt/handreichung2007.pdf

Wesian, Julia: *Sprache und Geschlecht. Eine empirische Untersuchung zur „geschlechtergerechten Sprache",* Forschungsarbeit Universität Münster, 2007, Online im Internet: noam.unimuenster.de/SASI/Wesian_SASI.pdf

Wiener Gebietskrankenkasse, Online im Internet: http://www. wgkk.at/

Zastrow, Volker: *„Gender Mainstreaming" Politische Geschlechtsumwandlung.* – In: FAZ, 20.6.2006

Zimmer, Dieter E.: *Leuchtbojen auf einem Ozean der Gutwilligkeit.* – In: Die Zeit, 23.2.1996

Zimmer, Dieter E.: *Redens Arten. Über Trends und Tollheiten im neudeutschen Sprachgebrauch,* Zürich 1986

Zimmer, Dieter E.: *Die Sprache der PC .* – In: Die Zeit, 23.2.1996, Online im Internet: www.d-e-zimmer.de/ PDF/1996pcsprache.pdf

Zimmer, Dieter E.: *Die Wortlupe,* Hamburg 2006

Zuckmayer, Carl: *Ein Weg zu Schiller. Zum 10. November 1959.* – In: Zuckmayer, Carl: Ein voller Erdentag. Betrachtungen, hg. v. Knut Beck und Maria Guttenbrunner-Zuckmayer, Frankfurt 1997, S. 8-9